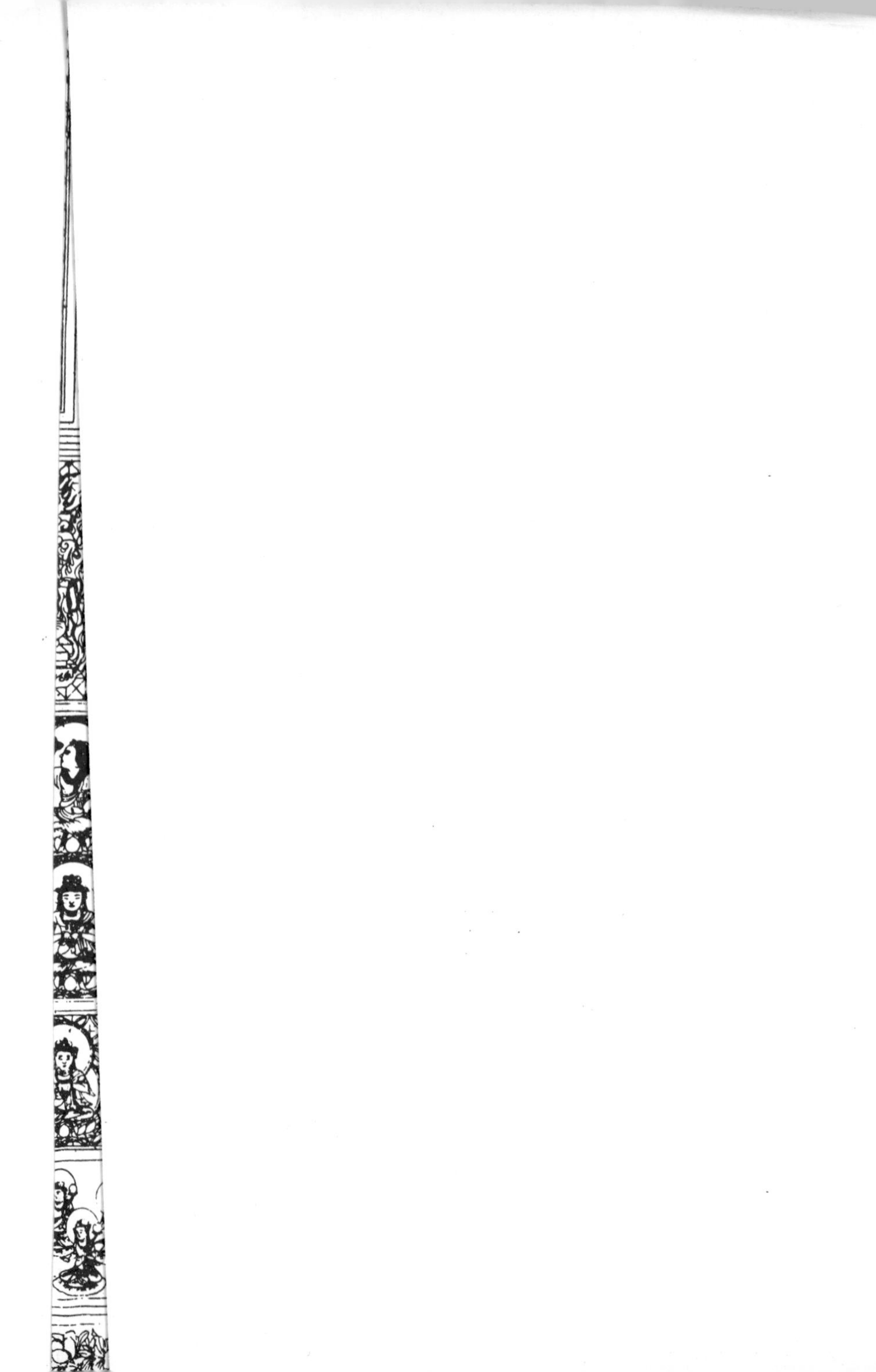

胎藏界曼荼羅（日本金剛峰寺・室町時代）

胎藏界曼荼羅（13－14 世紀）

中台八葉院（金剛峰寺版）

持明院
（金剛峰寺版）

遍知院
（金剛峰寺版）

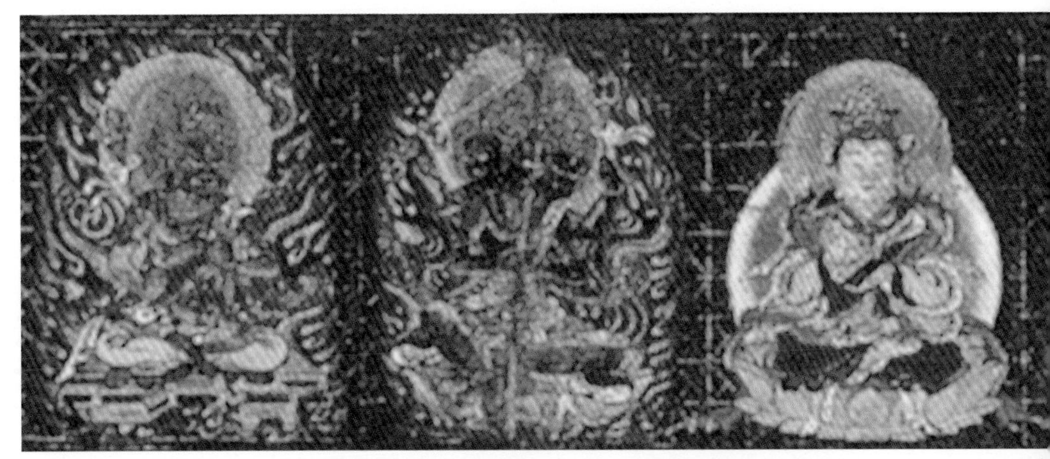

金剛手院
（金剛峰寺版）

蓮華部院
（金剛峰寺版）

灌頂大壇（胎藏界）

佛教小百科4

密教曼荼羅圖典（二）

胎藏界（上）

胎藏界曼荼羅，具體表現諸佛聖眾以大悲胎藏，如母胎般孕育眾生，含藏無盡莊嚴功德。本書詳列胎藏界諸尊的特德、尊形及真言，引領您入於諸佛心海，親體自性中本自具足的大悲莊嚴。

目錄

第1篇 胎藏界曼荼羅總說

第2篇 胎藏界曼荼羅諸尊

出版緣起

佛法的深妙智慧，是人類生命中最閃亮的明燈，不只在我們困頓、苦難時，能撫慰我們的傷痛；更在我們幽暗、徘徊不決時，導引我們走向幸福、光明與喜樂。

佛法不只帶給我們心靈中最深層的安定穩實，更增長我們無盡的智慧，來覺悟生命的實相，達到究竟圓滿的正覺解脫。而在緊張忙碌、壓力漸大的現代世界中，讓我們的心靈，更加地寬柔、敦厚而有力，讓我們具有著無比溫柔的悲憫。

在進入二十一世紀的前夕，我們需要讓身心具有更雄渾廣大的力量，來接受未來的衝擊，並體受更多彩的人生。而面對如此快速遷化且多元無常的世間，我們也必須擁有十倍速乃至百倍速的決斷力及智慧，才能洞察實相。

同時，在人際關係與界面的虛擬化與電子化過程當中，我們更必須擁有更廣大的心靈空間，來使我們的生命不被物質化、虛擬化、電子化。因此，在大步邁向新世紀之時，如何讓自己的心靈具有強大的覺性、自在寬坦，並擁有更深廣的慈悲能力，將是人類重要的課題。

生命是如此珍貴而難得，由於我們的存在，所以能夠具足喜樂、幸福，因自覺解脫而能離苦得樂，更能如同佛陀一般，擁有無上的智慧與慈悲。這種菩提種子的苗芽，是生命走向圓滿的原力，在邁入二十一世紀時，我們必須更加的充實。

因此，如何增長大眾無上菩提的原力，是〈全佛〉出版佛書的根本思惟。所以，我們一直擘畫最切合大眾及時代因緣的出版品，期盼讓所有人得到真正的菩提利益，以完成〈全佛〉（一切眾生圓滿成佛）的究竟心願。

《佛教小百科》就是在這樣的心願中，所規劃提出的一套叢書，我們希望透過這一套書，能讓大眾正確的理解佛法、歡喜佛法、修行佛法、圓滿佛法，讓所有的人透過正確的觀察體悟，使生命更加的光明幸福，並圓滿無上的菩提。

因此，《佛教小百科》是想要完成介紹佛法全貌的拚圖，透過系統性的分門別類，把一般人最有興趣、最重要的佛法課題，完整的編纂出來。我們希望讓《佛教小百科》成爲人手一册的隨身參考書，正確而完整的描繪出佛法智慧的全相，並提煉出無上菩提的願景。

佛法的名相眾多，而意義又深微奧密。因此，佛法雖然擁有無盡的智慧寶藏，對人生深具啟發與妙用，但許多人往往困於佛教的名相與博大的系統，而難以受用其中的珍寶。

其實，所有對佛教有興趣的人，都時常碰到上述的這些問題，而我們在學佛的過程中，也不例外。因此，我們希望《佛教小百科》，不僅能幫助大眾了解佛法的名詞及要義，並且能夠隨讀隨用。

《佛教小百科》這一系列的書籍，期望能讓大眾輕鬆自在並有系統的掌握佛教的知識及要義。透過《佛教小百科》，我們如同掌握到進入佛法門徑鑰匙，得以一窺佛法廣大的深奧。

《佛教小百科》系列將導引大家，去了解佛菩薩的世界，探索佛菩薩的外相、內義，佛教曼荼羅的奧祕，佛菩薩的真言、手印、持物，佛教的法具、宇宙觀……等等，這一切與佛教相關的命題，都是我們依次編纂的主題。透過每一個主題，我們將宛如打開一個個窗口一般，可以探索佛教的真相及妙義。

而這些重要、有趣的主題，將依次清楚、正確的編纂而出，讓大家能輕鬆的了解其意義。

在佛菩薩的智慧導引下，全佛編輯部將全心全力的編纂這一套《佛教小百科》系列叢書，讓這套叢書能成爲大家身邊最有效的佛教實用參考手册，幫助大家深入佛法的深層智慧，歡喜活用生命的寶藏。

密教曼荼羅圖典——序

當我們看到許多繁複美麗，甚至色彩十分鮮艷的佛教曼荼羅圖像時，卻時常無法了解這些美麗、莊嚴而神秘的佛教圖像背後，所隱藏的深邃意涵及宇宙的奧妙智慧。

這些曼荼羅圖像大多是以方形或圓形的構圖顯現，其中對稱排列了許許多多莊嚴優美的佛菩薩像、法器或是古代的梵文悉曇字等。一般而言，這些圖像一眼望去時，時常能讓人心中混亂的意念心情，逐漸寂靜，接著發出歡喜的心情讚嘆：這真是偉大的宗教傑作！但是這些曼荼羅究竟代表著什麼意義呢？

莊嚴的曼荼羅圖像，展現出宇宙法界的廣大圓滿，微妙而豐美的色彩，正顯示出心靈中最究竟的光明。當我們一心的注視著曼荼羅時，彷彿攝入了廣大殊勝的清淨聖域，我們的心靈在剎那間彷彿被淨化了，不只所有的妄想煩惱止息，我們的心也變得那麼安然自在。

曼荼羅，是諸佛、菩薩、聖者，與我們相互交會的聖域。透過曼荼羅，諸佛菩薩顯現了他們的實相、誓願、心要與淨土，讓我們能夠完全與他們交會。

曼荼羅（梵名maṇḍala），一般而言，是指把佛菩薩的尊像及代表心要的梵文種子字、表示本誓的三昧耶形，及在各種因緣場域中的行動，用一定的方式加以配置排列，所顯現的圖樣。

曼荼羅有時又譯爲「曼拏羅」、「曼陀羅」等。意譯則是壇場、中圍或壇城。曼荼羅在語意上，有獲得心髓或本質的意思，這即是指獲得佛陀的無上正等正覺之意。而曼荼羅也是真理的表徵，正如同圓輪一樣圓滿無缺，因此也有譯爲「輪圓具足」的。同時曼荼羅也被認爲是「證悟的場所」或「道場」之意，所謂道場則是設置壇場以供如來、菩薩聚集的場所。因此，聚集佛菩薩的聖像於一壇，或描繪諸尊在一處的形式或圖像，都稱之爲曼荼羅了。

一般的曼荼羅在外相的表現上，主要有四種類型：

一、法曼荼羅：這是將代表諸尊心要的梵文種子字，依各種曼荼羅的形式加以排列配置，稱爲法曼荼羅，也稱爲種子曼荼羅。

二、三昧耶曼荼羅：這是以諸尊的本誓顯現所成的持物，以各種曼荼羅的方式，加以排列配置而出，稱爲三昧耶曼荼羅。在密教中，諸尊的持物，也稱爲「三昧耶形」，因此圖繪這些三昧耶形的曼荼羅，就稱爲三昧耶曼荼羅。

三、大曼荼羅：將佛菩薩等諸尊形相，描繪所成的曼荼羅，稱爲大曼荼羅。一般我們所見到的曼荼羅，多是以這種曼荼羅爲主要表現型式。

四、羯摩曼荼羅：將佛菩薩諸尊的供養、救度等行動的形相，描繪所成的曼荼羅，稱爲羯摩曼荼羅。此外，有時以立體雕像所成的曼荼羅，也稱爲羯摩曼荼羅。

當然，曼荼羅在深層的結構中，還有屬於自性、觀想等各種的曼荼羅，我們在本書中也有詳明的介紹，但在一般由外相所描繪的曼荼羅，則是以這四種曼荼羅爲主。

在讚嘆曼荼羅的莊嚴之餘，有時也不禁讓人懷疑，這麼繁複、莊嚴而美麗的佛像圖案，是要花費多少精神、時間與完美的技巧，才能完成？尤其是許許多多，用純金、純銀所描繪出的莊嚴圖像，更讓人不禁讚嘆創作者的誠心。更難得的是，有些曼荼羅的圖像雖然是那麼華麗、細密與繁複，但是卻一點也沒有浮奢的感覺，只是讓人感到調和與安適，更爲他們滿心的精誠所感動。

但這時大家也不免苦惱了，因爲面對這麼莊嚴繁複的曼荼羅圖，時常根本無法理解，這些圖畫外相的微妙及其內在的意義，讓大家心中生起或多或少的困惑。到底這些身相各異的佛菩薩及護法、天神，到底是誰？爲何會安立在圖中某些特別的位置？他們的功德、意義爲何？那些法器或梵字到底在表示什麼？圖畫的顏色或形狀，爲何要如此表現？這些都讓人想一探究竟。

其實這些疑惑，都是可以解釋的，而當我們理解了每一張曼荼羅圖的意義後，我們將不只會讚嘆這些圖畫的莊嚴優美，也更能體會這些圖畫背後的偉大思想及不可思議的境界。如果我們能如此體會，不只能在心中留下永恆的美感，並且將對我們的人生深具啟發的作用，對修行者將有更微妙精深的指引。

在「密教曼荼羅圖典」系列中，我們懷著歡喜而莊嚴的心境，揭開曼荼羅的神秘面紗，並祈願透過正確的說明與分析，能讓大家完整的了解曼荼羅的真正意義，並解明各種曼荼羅的形像表徵、曼荼羅中的諸尊本誓、因緣及心要。讓大家在深入分辨明瞭各種曼荼羅的形像及意義的同時，進而增長自己的生命智慧，幫助修行的圓滿。

曼荼羅在佛教的密法中，占有極重要的地位，每一種曼荼羅就是一次諸佛菩薩的共聚法會。其實，我們人生的每一幕、每一場景，如果將之昇華清淨了，不就是一會一會的曼荼羅嗎？因此，欣賞曼荼羅，也是學習生命中每一種過程的圓滿。透過理解諸佛菩薩的曼荼羅，希望全法界、全宇宙，能成爲究竟圓滿的全佛曼荼羅。祈願讓我們共同成爲無上的佛陀，共同聚會在一起。

凡例

一、「密教曼荼羅圖典」的編輯，是爲了解明諸曼荼羅的意義，及曼荼羅中諸尊的形相、三昧耶形、真言、手印等，使讀者能迅速明瞭與掌握各種曼荼羅。

二、各種曼荼羅圖像，不論是金剛界或胎藏界，雖然有其本據，但是由於傳承與時空因緣的不同，彼此間或有些許差異之處。因此，本系列的編輯過程，參校了各種經論與版本，以期求取最恰當、適切的內容。但是由於資料繁複不端，或有疏略之處，敬請見諒。

三、在本系列中，所列各種曼荼羅各有其因由來源，而金、胎兩界曼荼羅中的諸尊解說圖像，主要是以御室（仁和寺）曼荼羅爲主，但是在對校各種經、論、圖版之後，有些許校正，而圖中有脫落部分，也已加以描補。

四、本書所附的胎藏曼荼羅全圖，爲長谷寺版，所以有些許圖位與內文所列諸尊，有少分差異。因此，在圖像的位次圖及介紹諸尊的內文中，都會以「＊」形標示，讀者可加以比較，並藉以了解在圖繪曼荼羅的過程，所可能產生的差異。

五、本系列在真言部份特別將中文與梵文羅馬拼音對列，以方便讀者掌握真言的原貌。

曼荼羅佛像尊容的解析

在密教曼荼羅中，我們可以見到各種佛像的尊容。在這些尊容中，主要可以分爲以下四類：1.如來形；2.菩薩形（男、女尊）；3.明王形；4.天人形（男、女尊）。

在這些諸尊形相中，他們以各種手印與持物，來表現各自的本誓與悟境。因此，我們透過諸尊的基本形像與手印、持物等，就能判別諸尊的圖像。

在密教曼荼羅中，許多的佛像，已經不是只有一面二臂而已，更開始顯示出多面多臂乃至忿怒的形相，其實這樣的形相，多是表現甚深的智慧與慈悲，乃至救度廣大眾生的悲願。尤其是爲了降伏惡性眾生，所顯示的忿怒明王像，及後期無上瑜伽部的秘密金剛像，其實都是由極深的大悲、智慧所示現的。

在此，先行將曼荼羅諸尊的基本形像，做圖示解析，希望能幫助大家更明瞭理解地觀察各種曼荼羅。

⊙如來形

一般的佛陀形像都是身穿衲衣，身上並沒有瓔珞等裝飾品，但身具三十二相八十種好，顯現具足無上菩提的智慧。一般而言，在金剛界與胎藏曼荼羅中，除了大日如來之外，都是以出家的形相出現。而在無上瑜伽部當中，報身佛也有如同大日如來一般，以身穿大衣、瓔珞，並具有髮飾頭冠的菩薩形出現。

【特徵】

肉髻……上具無見頂相是無上智慧的象徵。

肉髻珠……智慧光明的象徵。

螺髮……渦捲型的毛髮。

白毫……額前所生，長一丈五尺的渦捲白毛，是智慧光輝象徵。

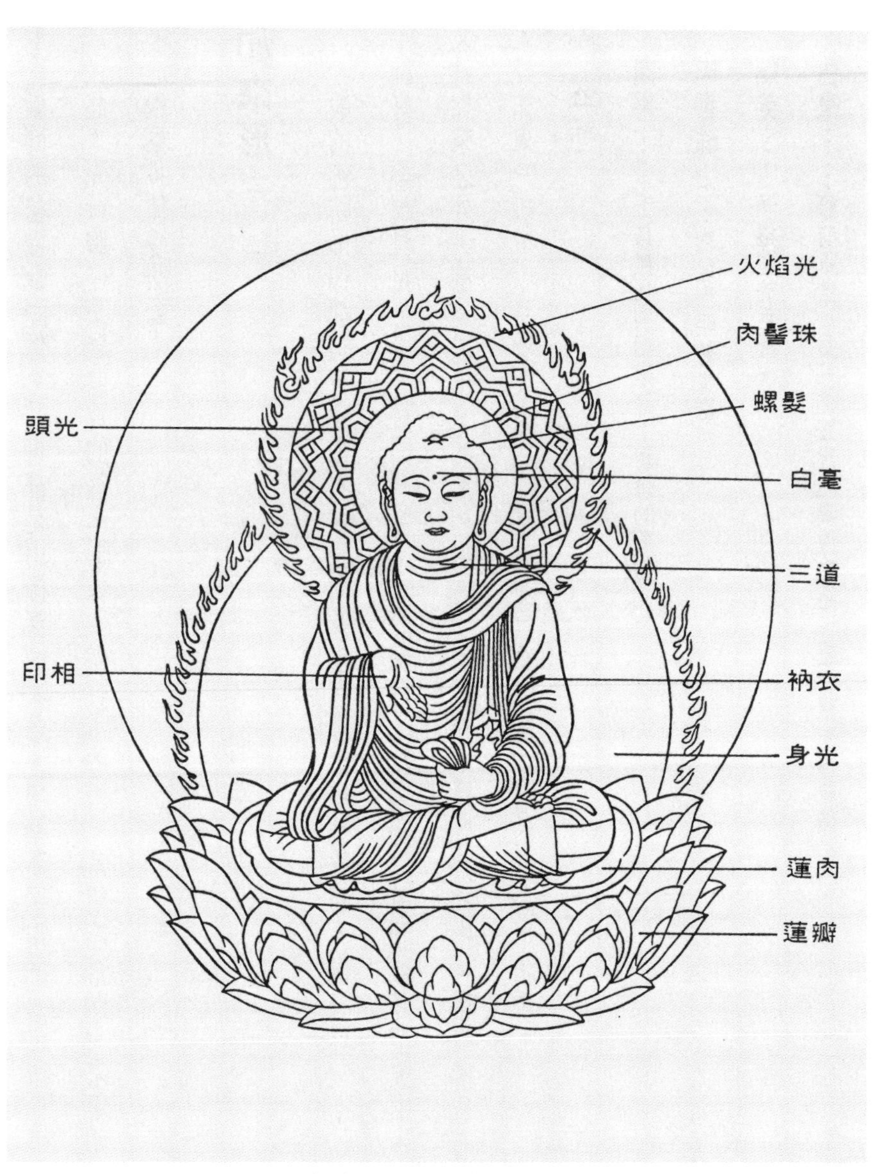

如來形—開敷華王如來

三道……頸上的三道紋路。

衲衣……出家人身上所穿的衣服。

印相……手指相結成印契，以表達悟境，如阿彌陀佛所示是彌陀定印。

蓮台座……包含蓮肉與蓮瓣，表示超越染污的清淨境界。

頭光、身光……定力、智慧光明的表示。

焰光……清淨光明以火焰的光輝來示現。

⊙菩薩形

菩薩一般皆以在家相示現，身穿天衣、瓔珞、臂釧等莊嚴，表示具足無盡的妙德。

【特徵】

寶髻……寶冠上，頭髮結髻的髮型。

寶冠……代表誓願的象徵（如：觀音寶冠上有化佛的示現）。

寶冠帶……天冠的帶飾。

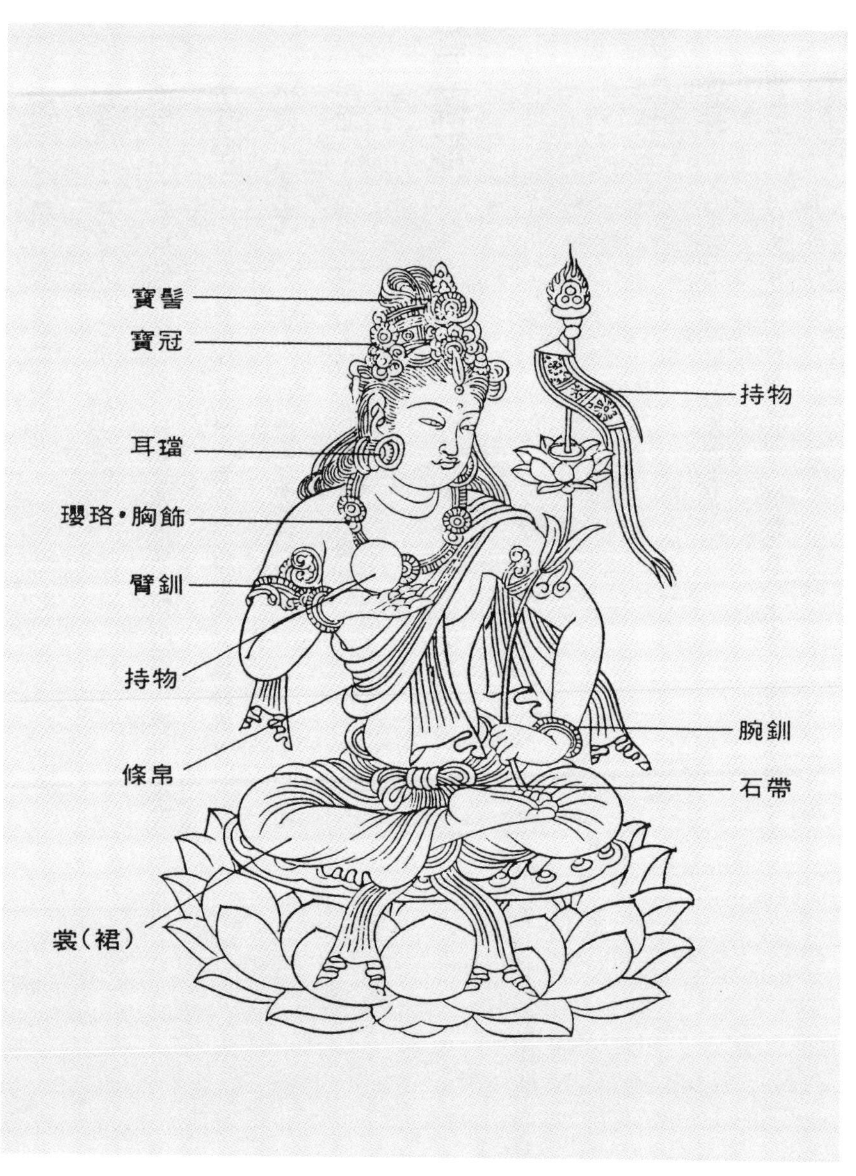

菩薩形(男尊)—地藏菩薩圖像

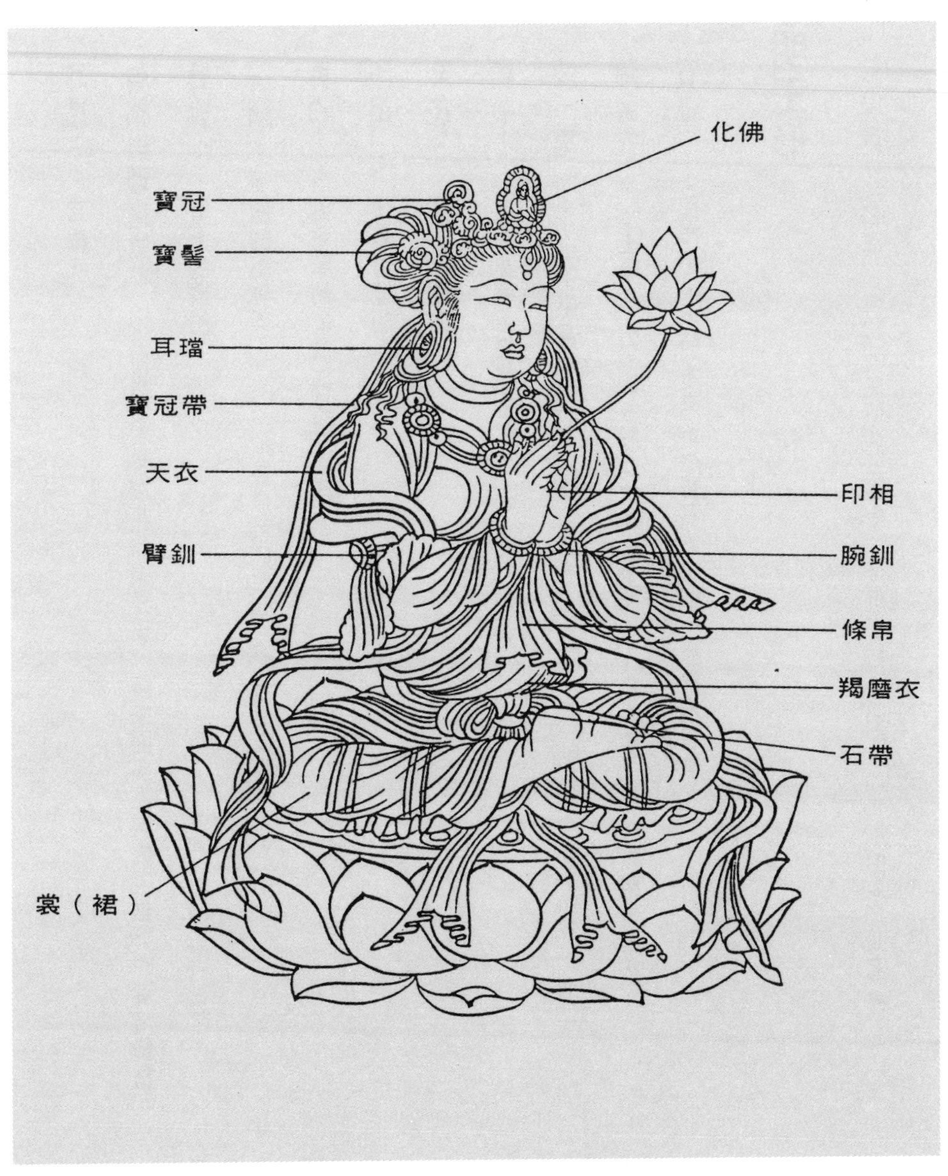

菩薩形（女尊）—多羅菩薩圖像

耳璫……耳飾。

胸飾與瓔珞等……瓔珞原本常以花串來表現，後來則多為胸飾與垂下的瓔珞飾物。

臂釧……臂上的環飾。

腕釧……腕的環飾。

持物……為誓願的象徵法具或武器。

印相……代表悟境的手印。

天衣……肩上的帶衣。

條帛……上半身所著條狀之布。

裳（裙）……下半身所著的衣服。

羯磨衣……上半身所著的衣服。本來為工作的作務衣服，以女尊穿著居多。

石帶……即腰帶，由於本來多以寶石為腰帶，故稱為石帶。

⦿明王形

示現為忿怒尊，以降伏惡性眾生。常手持武器，並示現多面多臂。

明王形—閻曼德迦明王

【特徵】

迦樓羅焰光……以金翅鳥的頭形為焰光。

怒髮……示現忿怒上揚的髮型。

腰布……裙的一種，簡單的纏腰之布。

裳（裙）……下半身所著的衣服。

持物……在此例中有戟、輪、劍、棒等。

瑟瑟座……一種岩座，又稱為磐石座。

⊙天部形

在佛教中諸天皈命佛陀，常成爲佛教的守護神。有時諸天身著甲冑，手持武器，以威怒守護的姿勢出現。有些天部的男尊，則身穿羯摩衣，或以菩薩形示現。而女尊中如功德天身著羯摩衣，辯才天則以菩薩形示現。

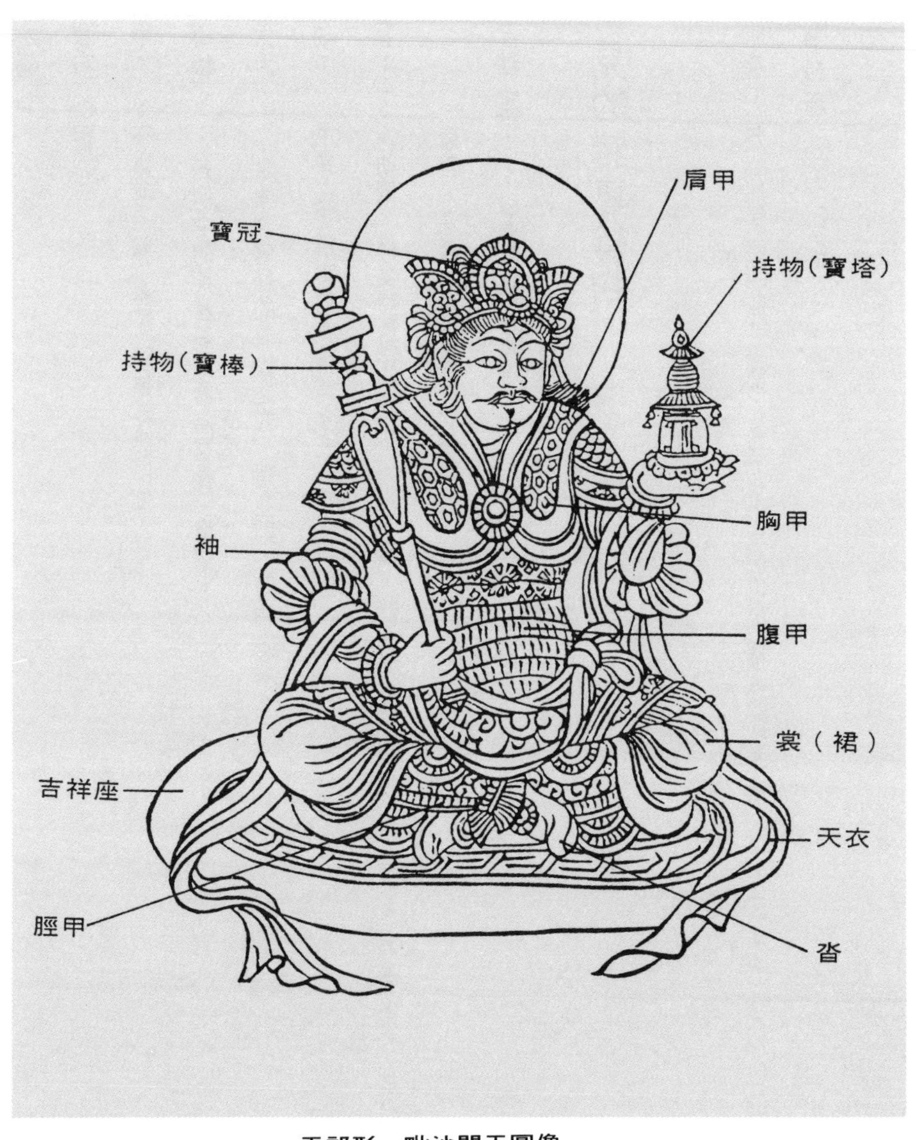

天部形—毗沙門天圖像

【特徵】

寶冠（冑）

甲……守護肩、胸、腹、脛等身體部位。

持物……此例中的武器與法器為寶棒、寶塔。

天衣……本來為輕絲的肩掛之衣，現在則以腰帶表現。

袖……甲冑之下所穿的衣袖。

沓……為朝儀、佛事時所穿的鞋子，以木草、絲麻、皮革等材料所製成，有烏皮沓，絲鞋、麻鞋、深沓、淺沓等不同種類。

吉祥座……以吉祥草為座具。

⊙常見的諸尊持物

蓮華

蓮華主要分蓮與睡蓮二種。蓮花中赤色的稱爲鉢頭摩（padma）、白色的稱爲芬陀利迦（pundarika）。

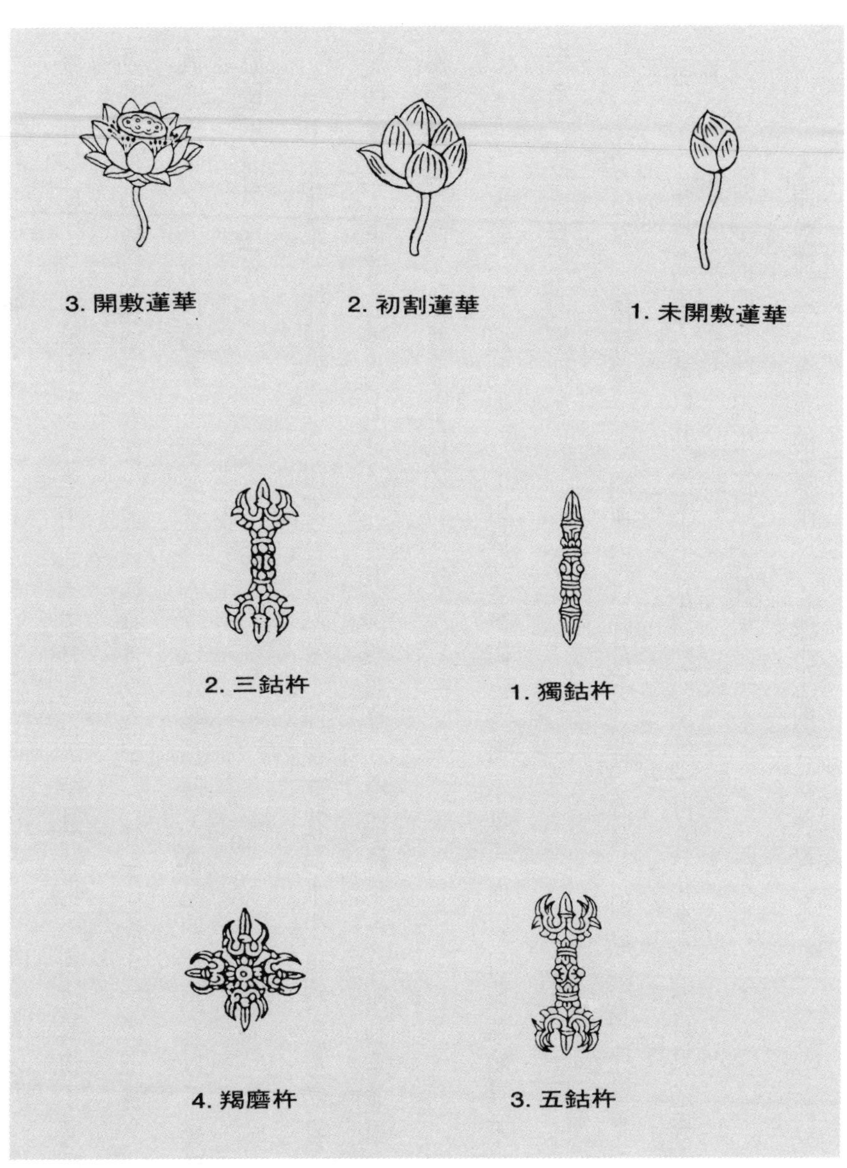

常見的諸尊持物

據印度史詩摩訶婆羅多（梵 Mahabharata）所述，天地開闢之始，從毗濕奴（梵 Visnu）的臍中生出蓮華，華中有梵天，結跏趺坐，創造萬物；又毗濕奴及其配偶神皆以蓮華爲表徵，或以蓮華爲多聞天（梵 Kubera）之七寶之一。佛教亦珍視之，所以佛教中佛及菩薩大多以蓮華爲座。常見的蓮華有以下幾種，各象徵不同的意義。

1.赤蓮華（鉢頭摩）：印度自古以來，即視此花爲水生植物中最高貴之花，於佛典中，也常被譬爲七寶之一，與拘物頭華、優鉢羅華、芬陀利華並舉，常爲佛菩薩之寶座，或菩薩手執之物。

2.白蓮華（芬陀利迦）：由於蓮華出污泥而不染，而以白蓮華喻爲不被煩惱污染之清淨無垢的法性。

3.青蓮華（優鉢羅）：睡蓮中以青色者最爲著名，即尼羅烏鉢羅華（nilot-pala）。在經典中，常以其葉來形容佛眼之微妙，以其花來比喻口氣之香潔。

又以蓮華的開合狀況來作以下分類：

1.未開敷蓮華（含苞的蓮華）：喻眾生的含藏菩提心。

2.初割蓮華：蓮華初開時，喻眾生初發起菩提心，表其必能修習善行，證菩提果。

3.開敷蓮華：蓮華開敷，花果具足，亦表證悟果德，智慧福德莊嚴具足。

金剛杵

又稱金剛智杵，音譯跋折羅（vajra）。由於質地堅固，能摧破各種物質，故冠以金剛之名。密教中，金剛杵象徵摧碎煩惱之菩提心，爲諸尊的執持物或修法的道具。

最初金剛杵尖端銳利，直到轉用爲法具，其形狀改變很多。質材有金、銀、銅、鐵、石、水晶、檀木、人骨等，長八指、十指、十二指、十六指、二十指不等；依形狀來分，可分爲獨鈷、三鈷杵、五鈷、人形杵、羯磨杵、金剛杵、塔杵、寶杵等。

1.獨鈷杵：兩端單獨者稱爲獨鈷杵，爲最古的形式，象徵獨一法界。

2.三鈷杵：兩端分爲三枝者，稱爲三鈷杵，象徵身、語、意三密、三身或三部（佛部、金剛部、蓮華部）。通常稱「嚩日囉」者，一般係指三鈷杵。

3.五鈷杵：兩端分爲五枝者，稱爲五鈷杵，象徵五智五佛，一般法會最常使用的是五鈷金剛杵。

4.羯磨杵：屬於輪寶，又作十字金剛杵，係以三鈷杵組合成十字形，置於大壇四隅，以此象徵諸佛本具之作業智。三鈷在四方，係「三」乘以「四」，表摧破十二因緣之義。

⊙密教的基本手印

密教之手印極多，通常以十二合掌及四種拳爲基本印，其十二合掌、四種拳如下。

十二合掌

1.堅實合掌：合掌，掌中堅相著，十指微離。

2.虛心合掌：十指齊等，頭相合，掌心微開。

3.未敷蓮合掌：如前，空掌內，使稍穹。

4.初割蓮合掌：二地二空並相著，餘六指散開，即八葉印也。

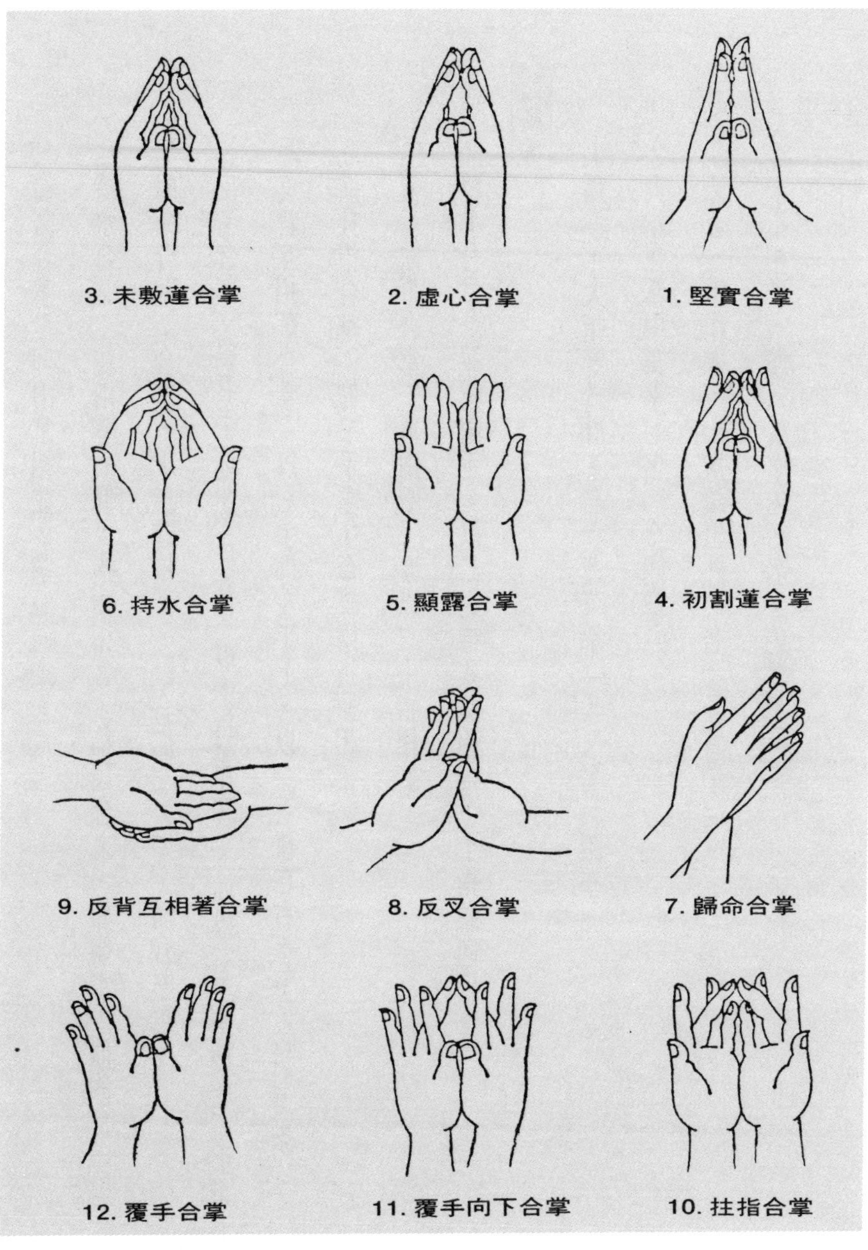
1. 堅實合掌
2. 虛心合掌
3. 未敷蓮合掌
4. 初割蓮合掌
5. 顯露合掌
6. 持水合掌
7. 歸命合掌
8. 反叉合掌
9. 反背互相著合掌
10. 拄指合掌
11. 覆手向下合掌
12. 覆手合掌

5.顯露合掌：仰兩掌相並，掌心向上。
6.持水合掌：並兩掌而仰，指頭相著，稍屈合之，如掬水，似飲食印也。
7.歸命合掌：合掌，十指頭相叉，以右加左，如金剛合掌也。
8.反叉合掌：以右手加左，反掌，以十指頭相絞，亦以右手指加於左手指上。
9.反背互相著合掌：以右手仰左手上，以左手覆在右手下，略似定印。
10.橫拄指合掌：仰二手掌，令二中指頭相接。
11.覆手向下合掌：覆兩掌，亦以二中指相接。
12.覆手合掌：並覆兩手，以二大指並而相接，十指頭向外。

四種拳

1.爲拳，大指竪於外，名「蓮華拳」，又名「胎拳」。
2.大指在掌中爲拳，名「金剛拳」。
3.叉合二手作拳，十指頭出外，名「外縛拳」。
4.十指相叉，頭入於掌內，名「內縛拳」。

1. 蓮華拳（胎拳）

2. 金剛拳

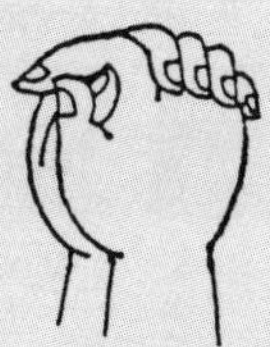

3. 外縛拳

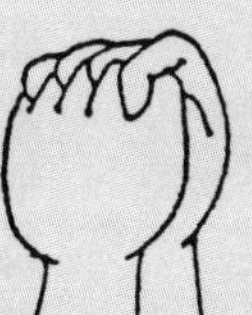

4. 內縛拳

⦿密教的常見用語

〔密號〕又稱爲金剛名、灌頂號，是密教佛菩薩所具有的金剛名號，而密教行者在接受傳法灌頂時，也會得到密號。如大日如來稱爲遍照金剛、阿彌陀佛稱爲清淨金剛、觀世音菩薩稱爲正法金剛等。

〔種子字〕又稱爲種字、種子。在密教中，以梵字表記佛、菩薩等諸尊，這種梵字稱爲種子字。

決定佛、菩薩諸尊的種子，主要取梵名或真言的首部，或是取重要的字，或依義理決定。例如胎藏界大日如來的種子字爲「阿」（a），這是因爲代表大日如來的真言爲a-vi-ra-nūṁ-khaṁ，又代表本不生之意（anutpāda），所以取其第一字爲代表。此外，文殊的種子字取自梵號；地藏的種子取自其真言之中字。而一尊的種子字，有時也同時爲他尊所用。如阿彌陀佛的種子，也是千手觀音的種子；胎藏界大日如來與火天的種子也是同一梵字。除一尊有各別的種子外，也有共通於一類諸尊的種子，如忿怒部諸尊的種子，星宿諸尊的種子等，都屬於此類。

種子是借草本植物的種子爲比喻，總體而言有攝持、引生二種意義，另外有了因、生因、本有三種意義。攝持，是表示一字中含藏有無量法、無量義。引生，是從一字引生微細的各種功德。了因，是依種子觀照而了悟佛智。生因，是由種子產生三摩耶形等。本有，則意謂諸字門具有自性之德，爲諸法的根源。由於有以上的諸義，所以不限於諸尊，一切的法門都得以建立種子。

此外，書寫種子的曼荼羅，稱爲種子曼荼羅。依諸尊的種子而修習觀行，稱爲種子觀。

〔三昧耶形〕 簡稱爲三形。在密教中認爲三昧耶形是諸佛或諸尊，爲了救度一切眾生所發起的本願（因位的誓願）。這種本誓以契合的形像，如金剛杵、蓮花、寶塔、弓、劍、箭、印契等示現，就稱爲三昧耶形。由三昧耶形代表諸尊而形成的曼荼羅，就稱爲三昧耶曼荼羅。

〔尊形〕 諸尊的身相、身色、手結的印契、著衣、持物的尊容加以解說，即是尊形。尊形有時會依不同的經軌、傳承而有些微的差異。

〔印相〕手指所結的印契，一般稱爲手印。在密教中強調身、語、意三密相應。而身密常以手印爲代表，真言行者手結印相，常能與佛、菩薩相應，而契合爲一相。因此印相在密教中，極爲重要。

〔真言〕又稱爲陀羅尼、咒、明、密咒等。代表真實無虛的語言，在密教中，代表三密中的語密。真言是佛菩薩等諸尊的內證境界、本誓、名號等發爲秘密語句，具有不可思議的力量。

胎藏界曼荼羅總說

胎藏界名稱的由來

胎藏界（梵 garbhakośa dhātu）音譯為糵婆矩奢馱都、糵喇婆馱覩。全稱為大悲胎藏生。在《大日經疏》卷三中以胞胎、蓮花二喻來解釋「胎藏」之義：

1.胞胎之義：以意識種子為母胎所覆藏，具足諸根，不久將誕生發育，學習各種技藝，爾後施行於事業之中來比喻。這就猶如眾生本有體性中有一切智心，由發心學習大悲萬行而顯現其清淨心。後來發起方便，自利利他，圓滿究竟，所以名為大悲胎藏生。

2.蓮花之喻：以蓮花的種子在堅殼之中，枝條花葉的體性已宛然具足，這猶如世間種子的心。此種子發芽、成長，乃至生花苞時，蓮臺果實已隱於葉藏內，不為風寒眾緣所傷害，淨色鬚蕊日夜滋榮，猶如大悲胎藏。而在日光中，花正開放，正如方便滿足。

因此，可以了知胎藏有「含藏覆護」或「攝持」之義，是指眾生所本具的理性。而理平等的法門，即稱爲胎藏界。

此外，胎藏界乃本覺下轉的化他門，所以爲大定、大智、大悲三德，其曼荼羅分爲佛、金剛、蓮華三部。如果以三部配三密，則佛部爲身密，金剛部意密，蓮華部爲語密。有關此三部的部主、明王、忿怒尊等，諸經論所說並不完全統一。

胎藏界曼荼羅的意義

胎藏界曼荼羅（Garbha-dhatu-maṇḍala）的全名是大悲胎藏生曼荼羅，它是根據密教根本經典之一的《大日經》所圖繪而成的。梵語蘖喇婆譯爲胎藏，有胞胎胎藏與蓮花胎藏之分。

如《大日經疏》卷三解釋說：

「今且約胎藏爲喻，行者初發一切智心，如父母和合因緣，識種子初託胎中，爾時漸次增長，爲行業巧風之所匠成。乃至始誕育時，諸根百體，皆悉備足，始於父母種姓中生。猶如依真言門學大悲萬行，淨心顯現。又此嬰童，漸具人法，習諸伎藝，伎藝已通，施行事業，如於淨心中發起方便，修治自地，隨緣利物，濟度眾生，故名大悲胎藏生也。

（中略）今以蓮花喻此曼荼羅義。如蓮種在堅殼之中，枝條花葉之性，已宛然具足，猶若世間種子心，從此漸次增長，乃至初生花苞時，蓮台果實隱於葉藏之內，如出世間心尚在蘊中，又由此葉藏所包，不為風寒眾緣之所傷壞，淨色鬚蕊日夜滋榮，猶如大悲胎藏，既成就已，於日光中顯照開敷，如方便滿足。」

此外，在卷五中又說：「如上所說：菩提心為因，大悲為根，方便為究竟者，即是心實相花台，大悲胎藏開敷，以大悲方便現作三重普門眷屬，以是義故名為大悲胎藏曼荼羅也。」

西藏譯的《大日經》把蘗喇婆譯為本質，藏譯《大日經》的〈具緣品〉說：「祕密主，復次廣大曼荼羅悉能救濟無邊有情，故名大悲本質生。」

佛陀瞿呬耶的疏中解釋道：「大悲本所生者，此曼荼羅從大悲生，世尊得一切智智後，以大悲力，出生身等無盡莊嚴曼荼羅，故云從大悲生，本所者，是生之根源，彼大悲者，是此曼荼羅生之所依；或從此曼荼羅出生大悲，是則從曼荼羅門出生如來大悲功德等，令得一切智智故。」

這也就是說：大悲胎藏曼荼羅是從佛的大悲願力，爲了化濟眾生而示現種種身相，爲種種有情宣說種種妙法，依種種眾生的根性，開出相應本誓的心，以此身口意三無盡莊嚴藏爲對境所圖繪的莊嚴形像，稱爲大悲胎藏生曼荼羅。

如此的解說，是從佛陀攝化眾生的「向下門」說的，如果從眾生修證的「向上門」來解明，則是一切眾生觀見此曼荼羅，依此修行，終能開悟自心的大悲菩提，所以稱爲大悲本所生。

因此大悲本所生曼荼羅，一方面是表示佛陀的大悲功德所發生的三密無盡莊嚴藏的妙行；另一面，則是在行者心中體現佛陀的大悲三無盡莊嚴藏，所以稱爲曼荼羅。

胎藏界曼荼羅的組織

胎藏曼荼羅是根據《大日經》而圖繪的，《大日經》的中心教義，就是「菩提心爲因」、「大悲爲根」、「方便爲究竟」三句。因此胎藏界曼荼羅的組織也就是以這三句的意理，而描繪出三重現圖曼荼羅。

《大日經》爲密教根本經典之一，與《金剛頂經》同爲真言密教的聖典。是大日如來在金剛法界宮爲金剛手祕密主等所說。全書七卷，共分三十六品，前六卷三十一品爲全經的主體，開示大悲胎藏曼荼羅，後一卷五品揭示供養法。

在第一〈住心品〉主要講述密教的基本教義（教相），理論方面的敘述佔大部分；第二〈具緣品〉以下則以有關曼荼羅、灌頂、護摩、印契、真言等實際修法方面的記述爲主。

此經主要在開示，一切眾生本有淨菩提心所持無盡莊嚴藏的本有本覺曼荼羅，並宣說能悟入此本有淨菩提心的三密方便，所說之核心主旨即上述的「菩提心爲因，大悲爲根，方便爲究竟」等三句法門。經中明說菩提即是如實知自心，眾生自心即一切智，須如實觀察，了了證知。

胎藏曼荼羅的圖位，說法極不一致，普通的說法有三種不同：

1. **經疏曼荼羅**：即《大日經》和《大日經疏》中所說的圖位。《大日經》

〈具緣品〉中所説屬於大曼荼羅，表示身無盡莊嚴藏；〈轉字輪品〉中所説屬於法曼荼羅，表語無盡莊嚴藏；〈祕密曼荼羅品〉中所説屬於三昧耶曼荼羅，表意無盡莊嚴藏。這三種中以〈具緣品〉所説的大曼荼羅爲圖位的基本依據。

2.阿闍黎所傳曼荼羅：是善無畏三藏在他所著的兩部儀軌《攝大毗盧遮那成佛神變加持經入蓮花胎藏海會悲生曼荼羅廣大念誦儀軌方便會》（簡稱《攝大軌》）和《大毗盧遮那經廣大儀軌》（簡稱《廣大軌》）中所説的圖位。

3.現圖曼荼羅：即現行流布的圖畫曼荼羅中的位次，如第五十頁圖示。本書即依此次第由內而外逐一介紹。

在此中台第一重，以八葉蓮花代表菩提心德。胎藏界以蓮花表心，是八瓣肉團心，梵語「汗栗馱」譯爲肉團心、堅實心、有心、精神、心臟等等。通於有情、無情等，如樹木之心。是指萬物所具有的本質，爲中心的「心」。也如萬法具有真如法性的真實心，即指如來藏心，並非指緣慮思惟的心。其狀如蓮花合而未開，而佛心則如同已開敷的蓮花。金剛界以月輪表心，是質多心。梵語「質多」譯爲慮知，是指具有緣慮思惟作用的心王、心所等，限於有情。

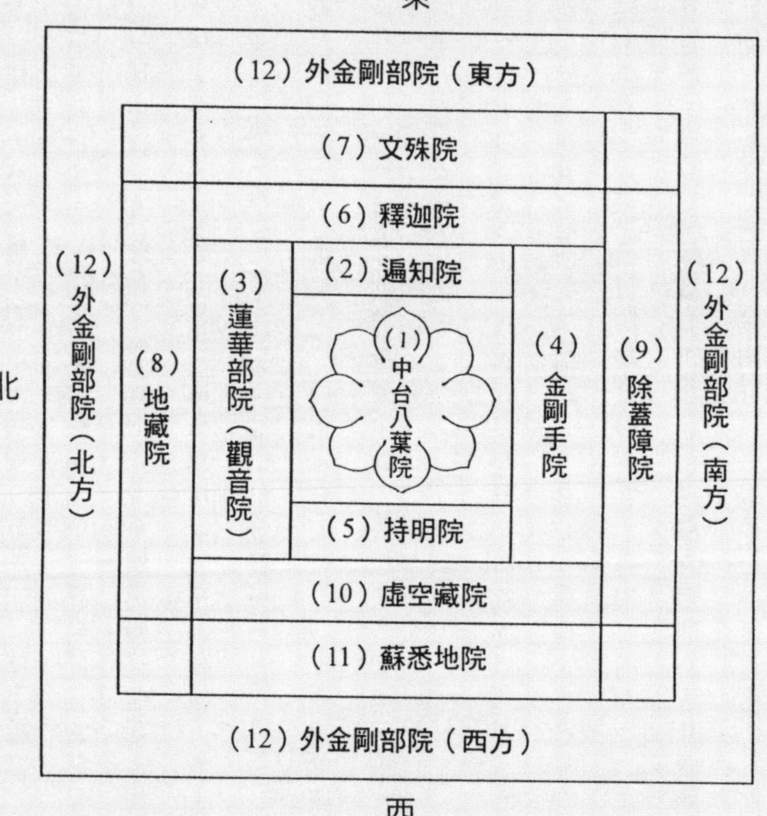
東
（12）外金剛部院（東方）
（7）文殊院
（6）釋迦院
（2）遍知院
（12）外金剛部院（北方）
（3）蓮華部院（觀音院）
（8）地藏院
北
（1）中台八葉院
（4）金剛手院
（9）除蓋障院
（12）外金剛部院（南方）
南
（5）持明院
（10）虛空藏院
（11）蘇悉地院
（12）外金剛部院（西方）
西

胎藏曼荼羅諸院位置圖

在中台八葉院中，要使行者在自心中觀察中台八葉九位聖尊的妙德，開發自己本有的菩提心，所以代表菩提心德。而第二重代表大悲之德，第三重代表攝化方便之德，《大日經疏》卷三解釋說：

「從佛菩提自證之德現八葉中胎藏身，從金剛密印現第一重金剛手等諸內眷屬，從大悲萬行現第二重摩訶薩埵諸大眷屬，從普門方便現第三重一切眾生喜見隨類之身。若以輪王灌頂方之，則第三重如萬國君長，第二重如朝廷百揆，第一重如宗枝內弼，中胎如垂拱之君，故花台常智爲大曼荼羅王也。

若自本垂迹，則從中胎一一門各流出第一重種種門，從第一重一一門各流出第二重種種門，從第二重一一門各流出第三重種種門，若行因至果，則第三重之所引攝成就能通第二重，第二重之所引攝成就能通第一重，第一重之所引攝成就能見中胎藏。」

以上是第一重受用身的曼荼羅。

第二重上方的釋迦院是以變化身的釋迦牟尼佛爲主尊，表示方便攝化的妙德。上方第三重是文殊院。在此文殊院、除蓋障院、地藏院、虛空藏院、蘇悉地院等五院，都是爲了開發中台大日如來，三種無盡莊嚴藏的實相，而證悟向上的菩薩大眷屬曼荼羅。

其中，文殊院居於東方，代表開悟實相的般若妙慧。左方第二重除蓋障院以除蓋障菩薩爲主，從金剛手菩薩的大智慧門，除去一切眾生的煩惱、所知的覆蓋障礙，而悟入三無盡莊嚴藏的實相。

右方第二重地藏院是以地藏菩薩爲主，這是得證除蓋障功德的結果，不但具足能耐怨害、安受眾苦、諦察諸法的三種忍，而且依觀世音菩薩的大悲門進到極苦的惡道中，解救一切眾生的苦難。宛如大地載負萬物般不以爲勞，而能出生萬物，所以名爲地藏。

下方第二重爲虛空藏院，在持明院西方，以虛空藏菩薩爲主，這是得證地藏菩薩耐苦功德的妙果，譬如虛空無有障礙，又如虛空包含萬德，滿足一切眾生願望。

下方第三重爲蘇悉地院，此院實際上是虛空藏院中的第三列位次，在經軌中不另開一院，但因上方有釋迦、文殊二院，所以下方即以虛空藏院的蘇悉地羯羅菩薩爲主，設立蘇悉地院，表示二利成就的妙德。

最外一重爲外金剛部院，在外圍四方畫出諸天、藥叉、人、非人、七曜、十二宮、二十八宿等，表示隨類應化的凡聖不二之理。此院包括極廣，凡是一切經典中所說的諸天神等，乃至世人所信奉的外道，五通神仙、事火等神眾之類，都可列入。

在《大日經疏》卷六中說：「凡此等諸尊若餘經中具說形相者，亦可依彼圖畫入曼荼羅中，（中略）其山海河池、林樹穀藥、城邑道路等神，各以本名爲標幟相，山神坐山、河神在河、其樹藥等或手執持，或依其上，當以義類推之，華嚴中更有足行神、身眾神，（中略）亦可依次列之，（中略）當知毗盧遮那普門身中純是雜類鬼神傍生等，圖中無別名相者，多在其中，所攝最多也。」

這三重曼荼羅分作十三大院（實際上只有十二院）。中央的中台八葉院描畫八葉蓮花，最中央的蓮台上是大日如來；八葉上面畫出四佛、四菩薩，表示大日如來的四智四行，總稱爲八葉九尊，爲摩訶毗盧遮那佛的全部體性，又是胎藏界曼荼羅的根本總體。

在《大日經疏》卷四中，說明四佛的意義是：「東方寶幢佛是菩提心義，菩提心猶如大將幢旗，如來萬行亦以一切智願爲幢旗。南方開敷花王佛是大悲萬行開敷義。北方天鼓雷音佛是如來涅槃說法智，不同二乘涅槃永寂，故以天鼓爲喻。西方無量壽佛，是如來方便智，以眾生界無盡故，大悲方便亦無盡，故名無量壽。」

而卷二十中說明花台四隅四菩薩的意義是：「東南普賢是菩提心，若無此妙因，終不能至大果，故最初得名。西南文殊是大智慧，斷無始無明之根。雖有菩提心而無慧行，即不能成果，故次明之。西北彌勒是大悲，若慧而無悲，則方便不具不得菩提，故次說也。東北觀音即是行願成滿，若未成果時觀之，此則差次淺深，今以如來平等慧觀，從因至果但是如來一身一智行耳，是故八葉皆是大日如來一體也。」

圍繞著前後左右的十二院，是由總體所具有的無量差別智所顯現。如上方的遍知院，中央畫著三角形的遍知印，又名爲一切如來智印，象徵大圓鏡智一切遍知的功德。

中台北方的觀音院以觀自在菩薩爲主尊，又稱爲蓮花部院，相當於妙觀察智，表示如來的大悲下化。

南方的金剛手院以金剛薩埵爲主尊，又稱爲薩埵院，相當於成所作智，代表大智上求。

下方持明院爲五大尊忿怒明王，是大日如來所現的教令輪身，稱爲持明使者，所以叫持明院，又稱爲五大院，相當於平等性智，表示淨除自他的煩惱入於平等實相，象徵著折伏、攝受二種妙德。

胎藏界曼荼羅的部類

胎藏界曼荼羅十二院，總共有四一四尊，從它的部族分類來看，有三種部類——佛部、蓮花部、金剛部。這三個部類表示胎藏界爲本覺下轉的化他門，所以就大日如來的大定、大悲、大智三德而分爲三部。

佛部是佛果上理智具足之尊，即中台八葉院及上下諸院，屬於大定的妙德。

蓮花部是如來大悲三昧，能滋榮萬善，所以比擬爲蓮花，即右方觀音院、地藏院等，屬大悲的妙德。金剛部是佛的智慧力用，能摧破惑業眾苦三障，所以比擬爲金剛，即左方金剛手院、除蓋障院等，屬大智的妙德。這三德在示現上雖然分爲三部，但實際是互具而不離的。

如《大日經疏》卷五中所說：「大凡此第一重上方（遍知院）是佛身眾德莊嚴；下方（持明院）是佛持明使者，皆名如來部門。右方（觀音院）是如來大悲三昧，能滋榮萬善，故名蓮花部。左方（金剛手院）是如來大慧力用，能摧破三障，故名金剛界也。」佛陀瞿呬耶在《大日經廣釋》中說：「佛部從大圓鏡智和平等性智發生是大定德，蓮花部從妙觀察智發生是大悲德，金剛部從成所作智發生是大智德。」

如果將諸尊配以如來四種法身，則中台八葉院名爲自性身，三部眷屬是自受用身，第二重的諸大心菩薩是他受用身，第三重的釋迦牟尼佛等是變化身，九界眷屬爲等流身。

胎藏界曼荼羅諸尊

第一章 中台八葉院

中台八葉院是胎藏曼荼羅的總體，也是胎藏曼荼羅的中心，位居於胎藏十二大院的中央位置。

中台八葉院，是以八葉開敷的蓮華花瓣做爲基本的圖像，這八瓣蓮華又喻爲心蓮，代表眾生的心，在佛教中亦稱爲肉團心，也代表眾生本具的佛性；這也是顯教中所說的如來藏。

這八瓣心蓮，在《大日經》〈具緣品〉中是說明爲：「內心妙白蓮，胎藏正均等；藏中造一切，悲生曼荼羅。」

1. 毗盧遮那如來
2. 寶幢如來
3. 開敷華王如來
4. 無量壽如來
5. 天鼓雷音如來
6. 普賢菩薩
7. 文殊師利菩薩
8. 觀自在菩薩
9. 彌勒菩薩

中台八葉院諸尊位置圖

在《大日經疏》卷五中解釋說：「內心妙白蓮者，此是眾生本心，妙法分陀利花（白蓮花）秘密標幟，花臺八葉，圓滿均等如正開敷之形。此蓮華臺是實相自然智慧，蓮華葉是大悲方便也，正以此藏爲大悲曼荼羅之體。」即是以此白蓮花表示本具的清淨菩提心。

但是在「現圖曼荼羅」中，則以赤色的蓮花來展現。這是因爲中台八葉所展現者爲眾生的心臟，即干栗多（hrd）心，又稱爲肉團心。在此心臟爲血之源，所以爲赤色，赤色也是大悲的表色，因此，赤色的蓮華應與大悲胎藏相應；此外，觀察眾生的心臟則是八葉圓滿開敷的蓮華，所以大悲胎藏所顯現的蓮花應使用赤色。

在以肉團心所顯現的中台八葉院中，本來具足圓滿的佛性，並以蓮花華台的大日如來爲中心，與四方四隅八瓣蓮花上，東方的寶幢如來、南方的開敷華王如來、西方的無量壽如來、北方的天鼓雷音如來、東南方的普賢菩薩、西南方的文殊菩薩、西北方的觀自在菩薩、東北的彌勒菩薩，共成爲九尊。

中台八葉院的九尊，分別對應眾生的九識，並轉識成智，使這九識成爲眾生本具的如來五智。而這些都是大日如來的法界體性所流現的。

胎藏界五佛其實是大日如來五智的體現，這五佛是：

1.**大日如來的智慧**：示現爲法界體性智，是轉第九識的如來藏識而成就的圓滿佛智。而大日如來的法界體性智也是其他四佛智慧的總體，代表圓滿究竟的無上佛智。而另外的四種佛智，則由其他的四方佛所示現開展。

2.**寶幢如來的智慧**：示現爲大圓境界，是轉第八意識阿賴耶識所成就的佛智。大圓鏡智如同圓滿清淨的大圓鏡般盡攝法界眾相，並如實的映現，通達一切的實相。

3.**開敷華王如來的智慧**：示現爲平等性智，是轉第七識末那識所成就的佛智。平等性智能除滅一切自身、他人與所有世間的分別心，而體現一切平等無別的甚深佛智，所以稱爲平等性智。

4.**無量壽如來的智慧**：示現爲妙觀察智，這是轉第六意識所成就的佛智。妙觀察智能完全如實的了悟一切世間的微妙緣起，現觀一切眾生的根器，予以最微妙究竟的自在教法。

5.天鼓雷音如來的智慧：示現爲成所作智，這是轉眼、耳、鼻、舌、身等前五識所成就的佛智。成所作智是能究竟實踐一切如來妙德的智慧，能成辦救度一切眾生的無上佛智。

除了中台大日如來與四方四佛所具足的五佛智慧外，其他四隅的四菩薩，也各具殊勝的妙德，展現出相應於四方佛本具果德的本有因行。其中：

6.普賢菩薩代表清淨菩提心：是大圓鏡智的妙因，所以在中台八葉的東南隅，對應於寶幢如來，是寶幢如來的因位妙行。

7.文殊菩薩代表第一義空的微妙智慧：能斷除第七識末那識的我痴、我見、我慢、我愛等四種煩惱差別的執著，是平等性智的妙因。因此在中台八葉的西南隅，對應於開敷華王如來，示現開敷華王的因位妙行。

8.觀自在菩薩具足蓮華三昧：以同體大悲，觀察眾生的根機，隨宜解脫他們的煩惱，是妙觀察智的妙因。所以，示現在中台八葉的西北隅，對應於無量壽如來，代表無量壽如來的因地妙行。

9.彌勒菩薩具足大慈三昧：能隨順眾生的希求願望而給與喜樂，是成所作智的妙因。因此，在中台八葉的東北隅，對應於天鼓雷音如來的因地妙行。

在四方四隅八瓣蓮花中的八尊，其實是中台大日如來所顯示的標幟，在《大日經疏》卷二十中說：「此八葉及中胎五佛、四菩薩。豈異身乎，即一毗盧遮那耳，為欲分別如來內證之德，表示于外，故於一法界中，作八葉分別說耳。」因此，事實上中台八葉的九尊，皆是中台大日如來的示現。

而依五方佛所立的修行次第轉動上，一般有中因發心與東因發心兩種說法。在中因發心中，是以已成佛的大日如來，發起攝化眾生的菩提心為因，依次而發起東方寶幢如來的菩提萬行，接著為南方開敷華王如來的得證菩提，西方無量壽如來安住於無住涅槃，北方天鼓雷音如來方便究竟攝化一切眾生。五佛依著中、東、南、西、北的順序而示現發心、修行、菩提、涅槃與方便究竟等五種位次。這是以「本有本覺」為宗旨，屬於從果向因的取向，是「本覺下轉門」。

相應於中因發心者為東因發心，是以寶幢如來為因位的菩提心，接著為南方開敷華王如來的大悲菩提行位，西方無量壽佛的得證菩提位，北方天鼓雷音如來的證入涅槃位，中央大日如來的方便究竟位。依著東、南、西、北、中的五方佛次第，這是以「始覺修生」爲宗旨，以從因向果爲取向，屬於「始覺上轉門」。

此外，在蓮華八葉間畫有三鈷金剛杵，這是代表智慧。這就如同《大日經》〈具緣品〉中所說：「金剛之智印，遍出諸葉間。」

而蓮華的鬚蘂即代表大日如來的十力、四無畏、百八三昧、六度、十八空、一切三昧門與陀羅尼門等無量功德，即是如來平等大慧的光明。

在中台八葉中的四隅，安置有寶瓶，是大日如來的四種妙德。在《大日經疏》卷八中說：「四寶所成瓶者，即是毗盧遮那四德之寶，置在中胎四角。（中略）普賢是無盡願行寶、慈氏（彌勒）是無盡餘益眾生寶、除蓋障是無盡淨知見寶、除惡趣是無盡大悲方便寶。」其中除蓋障與文殊，除惡趣與觀自在，可加以置換。依此可知四瓶即菩提心、智慧、慈悲、方便四德，與四隅四菩薩的內證相當。

中台八葉院周圍的五色界道，即是行者入於中台供養諸尊的通路，由內而外，依次爲白、黃、赤、青、黑（暗綠），這是依次配於五方佛，也表示爲大日如來的妙德，向四方開展的象徵。胎藏曼荼羅屬於理曼荼羅，因此以顏色爲界道。金剛界爲智曼荼羅，所以使用獨鈷杵或三鈷杵爲界道。而中台八葉以五色爲界道，這五色即是地、水、火、風、空等五大的顯色，是示現在五大法性上，成爲中台八葉的標幟。

1 毗盧遮那如來

毗盧遮那如來（梵名 Vairocana）在金剛界與胎藏界兩部密教大法中，都是代表法身如來，即法界體性自身，爲實相所具體示現的根本佛陀。

依《大日經疏》卷一記載，大日如來的名稱有三種意義：

(1)去除黑暗遍照光明義：如來的智慧日光如同世間日光，能除一切黑暗，而且比世間的日光更普遍、廣大，能遍一切處作廣大照明，沒有晝夜內外之別。

(2)一切眾務皆能成辦義：太陽行於人間，一切的草木生物各得增長，而世間的眾務也因此而成辦；如來的日光遍照法界，亦能開發眾生善根，一切世間、出

1 毗盧遮那如來

世間的事業都能由此而成辦。

(3)光明無生滅義：當我們看不見太陽時，是因爲烏雲遮蔽，並不是沒有太陽，而太陽也不是我們看見時才出生。佛心之日也是如此，雖然眾生的佛日被無明的烏雲所遮障，但是卻無所滅，而安住在究竟實相的圓明無際時，也無所增。

尊形：胎藏界大日如來位於中臺八葉院中央，示現菩薩形，身呈黃金色，身著白繒，手結法界定印，頭戴五佛寶冠，安坐於中央的寶蓮華座。

密號：遍照金剛

種子字：𑖀（a）或 𑖁𑖾（āḥ）

三昧耶形：窣都婆或如來頂印

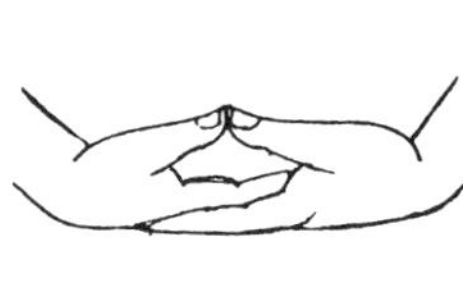

印相：法界定印

【真言】曩莫 三滿多沒馱喃 阿 尾 囉 吽 欠

namaḥ samanta-buddhānāṃ a vi ra hūṃ khaṃ

2 寶幢如來

寶幢如來（梵名Ratnaketu），音譯爲囉怛曩計覩。又稱爲寶幢佛、寶星佛，密號福壽金剛、福聚金剛，位於中臺八葉院東方之佛。寶幢如來主要在彰顯菩提心的妙德；以菩提心猶如勝利寶幢，能摧毀一切魔障，此如來以一切智願爲幢，在菩提樹下降伏魔眾，所以名爲寶幢如來。

尊形：身呈淺黃色，著赤色袈裟，偏袒右肩，左手向內，執持袈裟之二角置

2 寶幢如來

於胸前。右手屈臂，稍豎而向外開，復稍仰掌垂指，作與願印，結跏趺坐於寶蓮花上。

密號：福聚金剛

種子字：（a）或（raṃ）

三昧耶形：光焰印

印相：蓮華合掌

【真言】 南麼　三曼多勃馱喃　囕　嗠　莎訶

namaḥ samanta-buddhānāṃ raṃ raḥ svāhā

3 開敷華王如來

開敷華王如來（梵名 Saṃkusumitarāja），又稱為娑羅樹王華開敷佛、開敷華佛、華開敷佛。為中臺八葉院南方之如來。

由於這位如來安住於離垢三昧，以菩提心種子，長養大悲萬行，成就無上正等正覺如來，萬德開敷，所以稱為「開敷華王如來」。

尊形：全身呈金色，普放光明，通肩披袈裟，右手仰掌，為施無畏印，左手執袈裟之角，置於臍側。

密號：平等金剛

種子字：𑖁（ā）或 𑖪𑖽（vaṃ）

3 開敷華王如來

三昧耶形：五鈷金剛杵，或金剛不壞印

印相：蓮華合掌

【真言】南麼 三曼多勃馱喃 鑁 嚩 莎訶

namaḥ samanta-buddhānāṃ vaṃ vaḥ svāhā

4 無量壽如來

無量壽如來，即阿彌陀佛（梵名 Amitābha 或 Amita-buddha），意譯為無

4 無量壽如來

量光或無量壽佛，乃是西方極樂世界的教主。以觀世音、大勢至兩大菩薩爲脇侍；在極樂世界中，教化眾生。

無量壽如來，因地爲法藏比丘（Dharmākara），於世自在王佛前，發起無上道心，以四十八大願，誓願建立究極莊嚴的極樂世界。在十方佛土中最殊勝、最微妙，在十方無量數的諸佛國土中，最爲第一，讓居住其中的眾生，都能安住於菩提道。

在真言密教中，以阿彌陀佛代表大日如來法身的妙觀察智，轉六識成佛智。

尊形：身呈白赤色，手結阿彌陀定印，著薄衣，安坐於蓮座上。

密號：清淨金剛

種子字：अं（aṃ）或 सं（saṃ）

三昧耶形：開敷蓮花或初割蓮花

印相：蓮花合掌

【真言】南麼　三曼多勃馱喃　糝　索　莎訶
namaḥ samanta-buddhānāṃ saṃ saḥ svāhā

5 天鼓雷音如來

天鼓雷音如來（梵名 Divyadundubhimeghanirghoṣa），又稱鼓音如來、鼓音佛、鼓音王。是密教胎藏界曼荼羅，中臺八葉院之北方如來，有說與阿閦如來是同尊。

在《大日經》中說，天鼓雷音如來安住寂定之相，彰顯廣大涅槃的功德，就像天鼓一樣，雖無形相，而能演說如來法音，警醒覺悟一切眾生，成辦一切事業

5 天鼓雷音如來

，所以名爲鼓音如來。

尊形：周身金色，左手作拳安於臍下，右手指端觸地，結觸地印，跏坐寶蓮華。

密號：不動金剛

種子字：（aḥ）或（haṃ）

三昧耶形：萬德莊嚴印

印相：蓮華合掌

【真言】南麼　三曼多勃馱喃　含　鶴　莎訶

namaḥ samanta-buddhānāṃ haṃ haḥ svāhā

6 普賢菩薩

普賢菩薩（梵名Samantabhadra），又寫作三曼多跋陀羅、三滿多跋捺羅或是邲輸颰陀。義譯作遍吉，意爲具足無量行願，普示現於一切佛刹的菩薩。列位於中央八葉院東南方。

《大日經疏》卷一中說：普賢菩薩，普是遍一切處義，賢是最妙善義。普賢菩薩依菩提心所起願行及身、口、意悉皆平等，遍一切處，純一妙善，具備眾德，所以名爲普賢。

「普賢」代表廣大的菩薩行，其不僅是普賢行的表徵，也是菩薩行的表徵。任何一個眾生，實踐菩薩行圓滿之時，就是普賢菩薩，而圓滿普賢的果位就是毗盧遮那如來，眾生具足著普賢之因，也就是毗盧遮那佛性。

6 普賢菩薩

尊形：身呈白肉色，頭戴五佛寶冠，左手執蓮花，蓮上安置火焰圍繞的利劍，右手開臂伸展仰掌，結三業善妙印，屈無名指及小指。

密號：真如金剛

種子字：（aṃ）

三昧耶形：蓮上劍或賢瓶

印相：蓮華合掌

【真言】南麼　三曼多勃馱喃　暗　噁　莎訶

namaḥ samanta-buddhānāṃ aṃ aḥ svāhā

7 文殊師利菩薩

文殊師利菩薩（梵名Mañjuśrī），又寫作文殊尸利、曼殊師利、曼殊室利、滿祖室哩，簡稱文殊。在其他經典中，又有妙德、妙首、普首、濡首、敬首、妙吉祥等名號。

文殊菩薩，也稱爲文殊師利法王子（梵名Manjusrikumarabhuta）。或稱文殊師利童真、文殊師子童菩薩、孺童文殊菩薩。

文殊菩薩常與普賢菩薩同侍釋迦牟尼佛，是釋迦牟尼佛所有菩薩弟子中的上首，所以又稱爲文殊師利法王子。同時三者又稱爲「華嚴三聖」。其形象則爲仗劍騎獅之相，代表著其法門的銳利。以右手執金剛寶劍斷一切眾生的煩惱，以無畏的獅子吼震醒沉迷的眾生。

尊形：身呈黃色，左手持蓮華，上有三鈷杵或五鈷杵，右手持經卷。

密號：吉祥金剛

7 文殊師利菩薩

種子字：𑖀（a）

三昧耶形：青蓮華上之金剛杵，或青蓮華

印相：蓮華合掌

【真言】南麼　三曼多勃馱喃　啊　吠娜尾泥　莎訶

namaḥ samanta-buddhānāṃ ā veda vide svāhā

8 觀自在菩薩

觀自在菩薩，即觀世音菩薩（梵名 Avalokiteśvara），音譯阿縛盧枳低濕伐羅。又作光世音菩薩、觀世自在菩薩、觀世音自在菩薩、現音聲菩薩。別稱救世菩薩、蓮華手菩薩、圓通大士。另一梵名爲Āryāvalokiteśvara，音譯阿唎耶跛盧枳羝鑠筏囉，爲聖觀世音之義。與大勢至菩薩同爲西方極樂世界阿彌陀佛之脇侍，世稱西方三聖。

觀自在菩薩，代表一切諸佛悲心的總集，能聽聞一切苦難的音聲而予以救度。此外，觀自在菩薩，更代表了我們每一個眾生覺悟圓滿的佛性，能觀自在，了悟性空如幻，一心如幻，具足大悲。

尊形：身呈白肉色，左手於胸前成施無畏印，右手持蓮華，頭戴寶冠，上有無量壽如來。

密號：正法金剛

8 觀自在菩薩

種子字：（bu）

三昧耶形：開敷蓮華，或法住印

印相：蓮華合掌

【真言】南麼 三曼多勃馱喃 勃馱 陀羅尼 娑沒嘌底 沫羅馱那羯囇 馱囉也薩鑁 薄伽嚩底阿迦囉嚩底 三麼曳 莎訶

namaḥ samanta-buddhānāṃ buddha-dhāraṇi smṛti-bala-dhāna-kari dharaya sarvaṃ bhagavaty-ākāravati samaye svāhā

9 彌勒菩薩

彌勒菩薩（梵名 Maitreya，巴利名 Metteya，西藏名 Byampa），又作梅怛儷耶、梅怛儷藥、末怛唎耶、彌帝禮、彌帝麗、彌帝隸，或梅任梨，譯作慈氏。「當來下生」則是指他是繼釋尊之後在此娑婆世界成佛的菩薩，所以又稱為一生補處菩薩、補處薩埵或彌勒如來。

彌勒菩薩號為慈氏，這個名號的建立，最根本是來自其本願所行，在緣起上，他生生世世皆是修習慈心三昧、行慈行來救度眾生。彌勒菩薩的特德，是在拔除眾生痛苦之後，更進一步給予眾生法樂。他涵蓋了世間與出世間，使眾生在世間的生活上能平和地具足一切，在出世間上，則使眾生得到真實的大安樂。

尊形：為白肉色，左手施無畏印，右手持蓮華，上有澡瓶。頭戴寶冠，上有寶塔。

密號：迅疾金剛

9 彌勒菩薩

種子字：（yu）

三昧耶形：蓮華上澡瓶，或蓮華上迅疾印

印相：蓮華合掌

【真言】南麼　三曼多勃馱喃　摩訶瑜伽瑜擬寧　瑜詣説嚩　欠若唎計　莎訶

namaḥ samanta-buddhānāṃ mahāyogayogini yogeśvari khāñjalike svāhā

第二章 遍知院

遍知院爲胎藏曼荼羅中的一院，在「現圖曼荼羅」中，是位於中台八葉院的東方，即上方位置，與四方（下方）的持明院相對。

這就如同在《大日經》〈具緣品〉中所說：「

彼東應畫作，一切遍知印；

三角蓮華上，其色皆鮮白；

光焰遍圍繞，皓潔普周遍。」

遍知院代表著大日如來的智慧之德。而遍知——普遍了知一切的智慧，意味著如來的一切智智。而般若智慧喻爲出生一切諸佛的佛母，因此此院也稱爲佛母

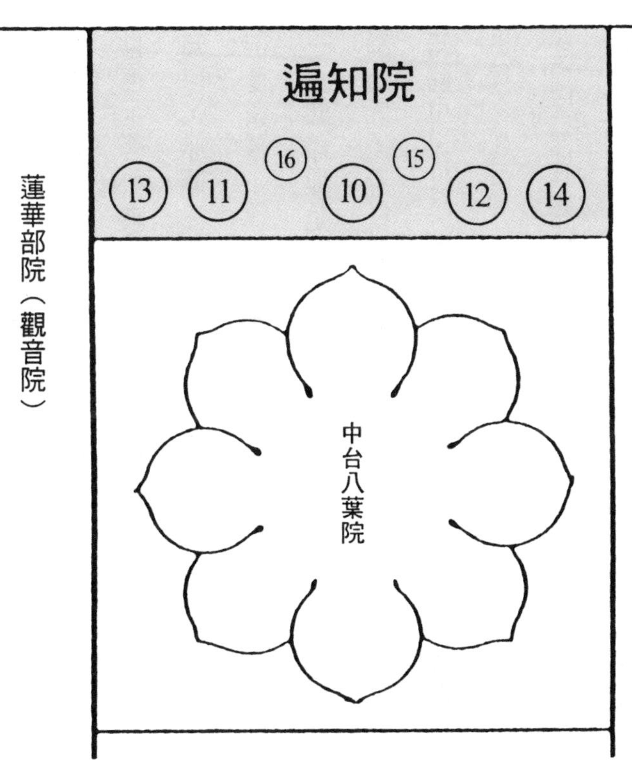

10. 一切如來智印
11. 佛眼佛母
12. 大勇猛菩薩
13. 七俱胝佛母
14. 大安樂不空真實菩薩
15. 優樓頻螺迦葉
16. 伽耶迦葉

遍知院諸尊位置圖

院。

釋迦牟尼佛經過六年的出家苦行後，在菩提樹下安坐，降伏四魔而後成道。而此院中心的三角智印即表示降伏四魔之義。

此院也表示著如來成證正覺的種種殊勝功德，這些殊勝功德的表徵，即是此院中的遍知印，亦即三角智印。也因爲這是表示佛陀的遍知之德，因此以此遍知印爲中心的曼荼羅，即名爲遍知院。

此外，遍知印即是十方三世一切如來大勤勇印，即是諸佛心印。而此是如來智德的首腦心肝，所以此院又名爲「佛心院」。

在遍知院中，以一切如來智印爲中心，其北方依次列有伽耶迦葉、佛眼佛母及七俱胝佛母，其南方則依次列有優樓頻螺迦葉、大勇猛菩薩、大安樂不空真實菩薩，這些配置都是在展現智慧的種種相貌。

一切如來智印在現圖曼荼羅中爲正三角形，但在《大日經疏》則說三角形向下。三角形向上爲自證，而向下則爲化他。爲了表示自受用智身，所以在「現圖曼荼羅」中是以向上的三角形來展現。

在三角形中的「卍」字，是表示我不可得，爲字義的實相，表示平等無礙周遍法界之義。而其外的光焰，是顯示如來智慧之火，能如同火般燒盡一切不淨之物。因此如來的智慧火光，也能燒盡貪、瞋、痴等三毒的煩惱，具足出生諸佛的智德。

在三角形智印之旁，安立優樓頻螺迦葉及伽耶迦葉兩兄弟。這兩兄弟原本是事火婆羅門，後來受到佛陀教化，而皈依正法，也表示了如來智慧之火，勝於世間外道之火。

10 一切如來智印

一切如來智印（梵名 Sarvatathāgata-jñāna-mudrā），是位於胎藏界曼荼羅遍知院中央之三角智印。又稱爲一切佛心印、一切遍智印、諸佛心印、大勤勇印、三角印等。

此三角印是表四種法身的三昧耶形，爲四智印的總標幟。顏色鮮白，立於白

10 一切如來智印

蓮華上，外有光焰圍繞。三角是降伏、除障之義，代表佛坐於道樹，以威猛大勢降伏四魔，得成正覺。而三重三角形，寓三世諸佛的智慧，鮮白色表示大慈悲，象徵如來常以悲光普照法界。

三角之內與三角之頂都有卍字，是因爲三角又代表智火，也是初發菩提心處；初發道心就像智火燒物，能滅除三界貪瞋癡業，此乃成就萬德之本，所以標以卍字。

若至佛智究竟之時，則眾德圓滿，猶如滿月，所以在三角上更有圓輪，圓輪上有卍字，表果位萬德之相，故胎藏界從此印生起，從此印形成。

密號：發生金剛

種子字：（aṃ）或（khaṃ）

三昧耶形：三角智印

印相：蓮華合掌

【真言】南麼 三曼多勃馱喃 薩婆勃馱菩提薩埵訶喋捺耶寧夜吠奢儞 娜麼 薩婆尾泥 莎訶

namaḥ samanta-buddhānāṃ sarva-buddha-bodhisattva-hṛdayāny āveśani namaḥ sarva-vide svāhā

11 佛眼佛母

佛眼佛母（梵名Buddha-locanī），又作佛眼部母、佛眼明妃、佛眼尊、虛空眼明妃、能寂母、金剛吉祥眼、一切如來佛眼大金剛吉祥一切佛母、一切如來寶、佛母尊、佛母身。位於胎藏界曼荼羅遍知院。

11 佛眼佛母

此尊乃般若中道妙智所化現，爲出生金胎兩部諸佛、菩薩之總母。以其爲出生佛部功德之母，故稱佛母；又因爲具有五眼，所以名爲佛眼。

尊形：身呈肉色，頭戴寶冠，耳掛金環，臂著釧環，以紅錦爲衣，手結定印，結跏趺坐於赤蓮花上。

密號：殊勝金剛

種子字：ग（ga）或 गं（gaṃ）

三昧耶形：佛頂眼

印相：虛心合掌

【真言】南麼 三曼多勃馱喃 伽伽那嚩囉落吃灑孏伽伽那糝迷 薩婆覩嗢蘖多避 娑囉三婆吠入縛羅 那謨 阿目伽難 娑訶

namaḥ samanta-buddhānāṃ gagana-vara-lakṣaṇe gagana-same sarvatodgatābhiḥ sāra-sambhave jvala namo moghānāṃ svāhā

12 大勇猛菩薩

大勇猛菩薩（梵名 Mahā-vīra）爲密教阿闍梨所傳曼荼羅列於遍知院之菩薩；於胎藏現圖曼荼羅，則將此尊視同如來如意寶菩薩。《大日經》卷一〈具緣品〉以偈頌形容此尊：「復於彼南方，救世佛菩薩，大德聖尊印，號名滿眾願，真陀摩尼珠，住於白蓮華。」《大日經疏》卷五之闡釋，此菩薩爲淨菩提心無邊行願所集成，常能普雨世間及出世間之一切財寶。

尊形：此菩薩身呈肉色，左手置臍下持寶珠，右手執三鈷劍，坐赤蓮華上。

密號：嚴迅金剛

12 大勇猛菩薩

種子字：（ka）

三昧耶形：如意寶珠

印相：蓮華合掌

【真言】南麼 三曼多勃馱喃 薩婆他微麼底微枳囉嚀達摩馱堵囉闍多 參 參 訶 莎訶

namaḥ samanta-buddhānāṃ sarvathā-vimati-vikiraṇa-dharma-dhātu-nirjāta saṃ saṃ ha svāhā

13 七俱胝佛母

七俱胝佛母（梵名 Sapta-koṭi-buddha-mātṛ），乃觀音菩薩化身之一，即准胝觀音（Cuṇḍī）之異名，又稱爲尊那佛母、准提佛母，爲蓮華部之母，司生蓮華部諸尊功德之德，故稱佛母尊。爲胎藏界曼荼羅遍知院之一尊。

依據《七俱胝佛母所說准提陀羅尼經》所載，准提佛母身呈黃白色，結跏趺坐於蓮花上，身佩圓光，著輕縠，上下皆爲白色，有天衣、角絡、瓔珞、頭冠。十八臂皆螺釧，面有三目，上二手作說法相，右第二手作施無畏，第三手執劍，第四手持寶鬘，第五手掌上置俱緣果，第六手持鉞斧，第七手執鉤，第八手執金剛杵，第九手持念珠；左第二手執如意寶幢，第三手持開敷紅蓮花，第四手軍持，第五手羂索，第六手持輪，第七手商佉，第八手寶瓶，第九手掌上置般若梵篋。

依據《七俱胝佛母准提大明陀羅尼經》等記載，誦持准提陀羅尼，可得光明燭照，所有罪障皆消滅，壽命延，福慧增進，並得諸佛菩薩之庇護，生生世世離

13 七俱胝佛母

諸惡趣，速證無上菩提。

密號：最勝金剛

種子字：（bu）

三昧耶形：說法印或賢瓶等

印相：蓮華合掌

【真言】南無　颯哆喃　三藐三勃陀　俱胝南　怛姪他　唵　折隸主隸　准提

莎訶

namaḥ saptānāṁ samyaksambuddha-koṭīnāṁ tadyatā oṃ cale cule

sundhe svāhā

14 大安樂不空眞實菩薩

大安樂不空真實菩薩（梵名 Vajrāmogha-samaya-sattva），音譯嚩日羅母伽三昧耶形薩怛嚩，又作大安樂不空金剛三昧耶真實菩薩、大安樂不空菩薩、大安樂真實菩薩、普賢延命菩薩。爲現圖胎藏界曼荼羅遍知院之菩薩。

尊形：此菩薩身呈肉色，頭戴寶冠，趺坐於紅蓮花之上，左右各有十臂。

密號：真實金剛

種子字：（ka）

三昧耶形：甲冑形之三鈷杵

14 大安樂不空真實菩薩

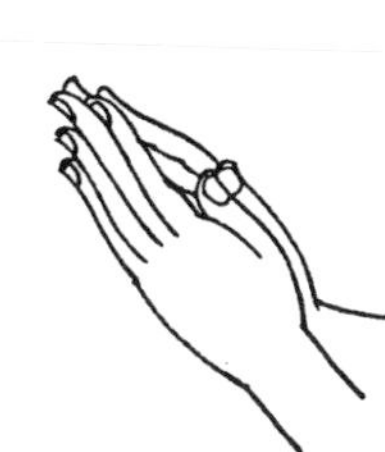

印相：蓮華合掌、普賢延命菩薩印

【真言】唵　嚩日囉喻尸　莎賀

oṃ vajr'āyuṣe svāhā

15 優樓頻螺迦葉

優樓頻螺迦葉（梵名 Uruvilvā-kāśyapa），為佛陀弟子三迦葉之一。優樓頻螺（梵名 Uruvilvā）為位於菩提伽耶南方尼連禪河畔之地名，迦葉（梵名 Kāśyapa）為其姓，又稱耆年迦葉、上時迦葉。

優樓頻螺迦葉未歸依佛陀之前，與二位弟弟伽耶迦葉（梵名 Gayā-kāśyapa）、那提迦葉（梵名 Nadī-kāśyapa）皆信奉事火外道；以其頭上結髮加螺髻形，所以又稱爲螺髮梵志（梵名 Jaṭila）。

三兄弟有弟子千人，住於摩揭陀國時，是頗有名望的長老，所以四方歸信雲集。後因佛陀示現種種神通度化，遂成爲佛弟子。今印度山琦（Sanchi）大塔塔門之浮雕中，就有佛陀教化三迦葉的事蹟。本尊位居胎藏界曼荼羅遍知院。

尊形：全身肉色，現比丘形，合掌坐於座具上。

密號：善巧金剛

種子字：ह（he）

三昧耶形：梵篋

印相：梵篋印

【真言】南麼　三曼多勃馱喃　係睹鉢羅底也微蘗多羯麼涅闍多　許

namaḥ samanta-buddhānāṃ hetu-pratyaya-vigat-karma-nirjāta hūṃ

15 優樓頻螺迦葉

16 伽耶迦葉

16 伽耶迦葉

伽耶迦葉（梵名 Gayā-kāśyapa），又作誐耶迦葉、迦夷迦葉、竭夷迦葉。

伽耶迦葉爲三迦葉之一，即優樓頻螺迦葉及那提迦葉之弟。生於印度摩揭陀國之伽耶近郊，爲事火外道（拜火教徒）之師，有二百五十名弟子，後受佛陀度化皆皈依佛陀，成爲佛弟子。此尊位於胎藏界曼荼羅遍知院。

尊形：身呈肉色，現比丘形，右手結印掌心向外，左手持袈裟一角，安坐於座具上。

密號：離塵金剛

種子字：𑖮𑖸（he）

三昧耶形：梵篋

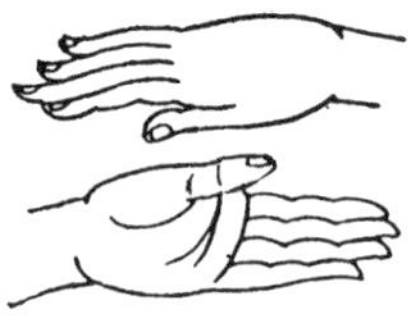

印相：梵篋印

【真言】南麼　三曼多勃馱喃　係睹鉢羅底也微蘗多羯麼涅闍多　吽

namaḥ samanta-buddhānāṃ hetu-pratyaya-vigat-karma-nirjāta hūṃ

第三章 蓮華部院(觀音院)

在中台八葉院的北方，即中台的右方第一重，安置有蓮華部院。

蓮華部是密教胎藏三部之一，又稱為觀音部、法部。此部代表眾生本具淨菩提心的理德，也表示如來大悲三昧的妙德，或如來五智中的妙觀察智。

這是因為眾生本具自性清淨之心，雖然在六道、四生、迷妄世界等生死污泥中流轉，但是其本具的淨菩提心，依然是不染不垢，猶如蓮華般出污泥而不染，所以稱為蓮華部院。

在《大日經疏》卷五中說：「右方是如來大悲三昧，能滋榮萬善，故名蓮華部。」意為蓮華部，代表滋潤一切眾生善根，如來大悲三昧門部族。

在蓮華部院中有主尊二十一尊，眷屬十六尊，共有三十七尊。但是眷屬的數量，一向傳有不同的説法，雖然同屬胎藏曼荼羅，但像觀藏院曼荼羅中有十六尊，傳真言院曼荼羅、東寺曼荼羅則有十五尊、高雄曼荼羅中則有十四尊。而安立位置有時也稍有出入。

在《大日經》〈具緣品〉中，宣説此院有七尊，爲觀世自在、多羅、毗俱胝、大勢尊（大勢至）、明妃（耶輸陀羅）、白處尊、何耶揭利婆（馬頭觀音）。七尊的説法與同經的〈真言藏品〉、〈祕密曼荼羅品〉中有些出入。以下爲〈大日經説〉與「現圖曼荼羅」的比較：

《大日經》〈祕密曼荼羅品〉	《大日經》〈具緣品〉	「現圖曼荼羅」		
		第一列	第二列	第三列
諸吉祥	耶輸陀羅	蓮華部發生	隨求	葉衣
大勢至	大勢至	大勢至	窣都婆大吉祥	白身
明妃（耶輸陀羅）	毗俱胝	毗俱胝	耶輸陀羅	豐財
毗俱胝	觀自在	觀自在	如意輪	不空羂索
觀自在	多羅	多羅	大吉祥大明	水吉祥
多羅	白處	大明白身	大吉祥明	吉祥變
白處	馬頭	馬頭	寂留明	白處
資財主				
馬頭				

17. 聖觀自在菩薩
18. 蓮華部發生菩薩
19. 大勢至菩薩
20. 毗俱胝菩薩
21. 多羅菩薩
22. 大明白身菩薩
23. 馬頭明王菩薩
24. 大隨求菩薩
25. 窣堵波大吉祥菩薩
26. 耶輸陀羅菩薩
27. 如意輪觀音
28. 大吉祥大明菩薩
29. 大吉祥明菩薩
30. 寂留明菩薩
31. 被葉衣觀音
32. 白身觀自在菩薩
33. 豐財菩薩
34. 不空羂索觀音
35. 水吉祥菩薩
36. 大吉祥變菩薩
37. 白處尊菩薩

（使者）

38. 多羅使者

＊39. 奉教使者

40. 蓮華軍荼利
41. 鬘供養
42. 蓮華部使者
43. 蓮華部使者
44. 蓮華部使者
45. 蓮華部使者
46. 蓮華部使者
47. 寶供養
48. 燒香菩薩
49. 蓮華部使者
50. 蓮華部使者
51. 蓮華部使者
52. 塗香菩薩
53. 蓮華部使者

蓮華部院（觀音院）諸尊

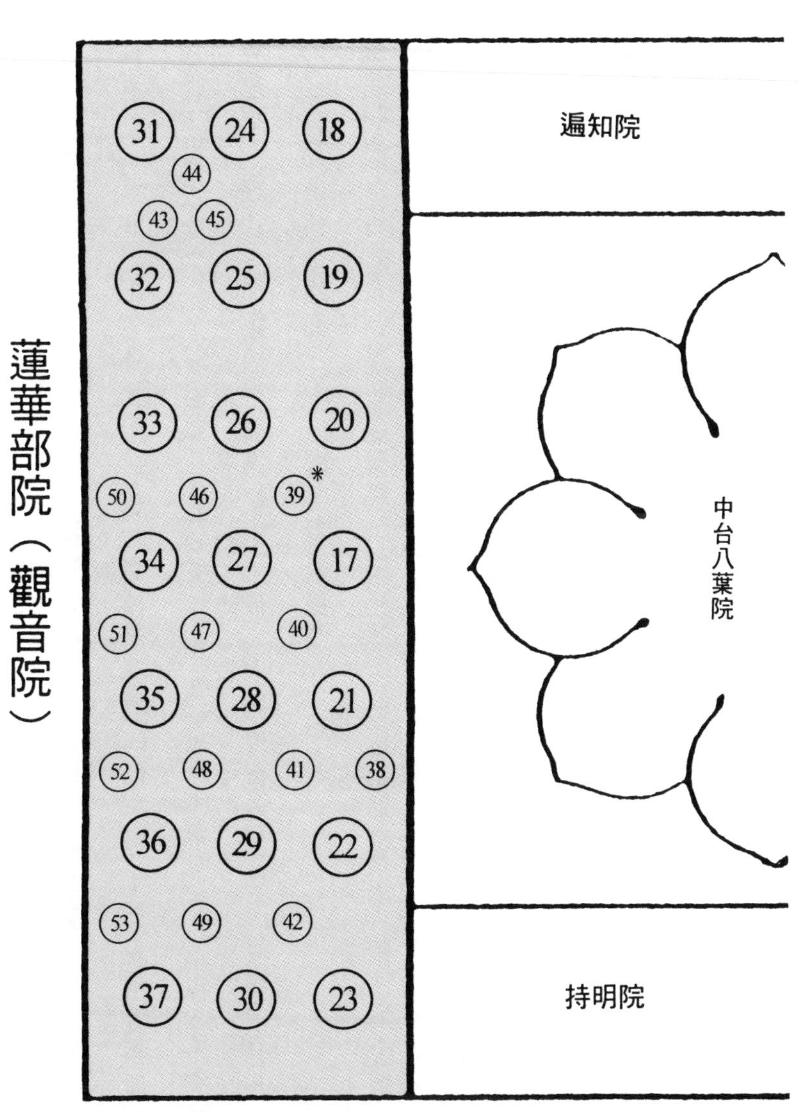

蓮華部院（觀音院）諸尊位置圖

蓮華部院與金剛部（手）院是相對應的兩院。蓮華部表大悲、金剛部爲大智，兩者相應不離，圓滿呈現中台佛部的無上佛德。金剛部院主尊共有二十一尊，眷屬則有十二尊共三十三尊。因此在「現圖曼荼羅」中，爲了展現兩者相即相入的對稱性，所以除了《大日經》〈具緣品〉中蓮華部七尊外，另由《不空羂索經》等蓮華（觀音）部類的密教經軌中，補入十四位蓮華部尊，使在中台八葉院兩側的蓮華部院與金剛部（手）院，對稱協調。

由此我們可見到在「現圖曼荼羅」中，此院的蓮華部發生菩薩，與金剛部院的發生金剛部菩薩南北對稱，而此部主尊聖觀自在與金剛部主尊金剛薩埵也是在對稱位置。也因此，產生經說與現圖的差異。

在《大日經》〈具緣品〉中說：「

北方大精進，觀世自在者；

光色如皓月，商佉軍那華；

微笑坐白蓮，髻現無量壽。」

這裏所說的觀世自在，即是蓮華部主聖觀自在菩薩，而其他二十位主尊，可視爲觀音的變化身。

觀自在菩薩冠中的化佛爲阿彌陀（無量壽）佛，這是蓮華部院共通的。因爲觀世音爲因，阿彌陀爲果，有因必有果，其果證不空。同時也表示即因即果，示現因果不二之理。而左手持的蓮華是代表眾生本覺的心蓮。只因無始劫來纏覆於無明煩惱，不能開敷，所以沈淪於苦海，現在聖者以使眾生心蓮開敷爲本願，所以右手作開敷之勢。

在《大日經釋》解釋說：「觀世自在者，即是蓮華部主，謂如來究竟觀察十緣生句，得成此普眼蓮華，故名觀自在。約如來之行，故名菩薩。頂現無量壽者，明此行之極果，即是如來普門方便智也。」

依此可知蓮華部尊大悲度眾的廣大妙德，也因此蓮華部類的諸尊觀音，成爲大眾最爲仰信的怙主。

17 聖觀自在菩薩

聖觀自在菩薩（梵名Āryāvalokiteśvara），又稱爲聖觀音、正觀世音菩薩、正觀音。爲蓮華部院中之一尊，與「千手觀音」、「十一面觀音」、「如意輪觀音」相對稱。

尊形：身呈白肉色，頭戴寶冠，上有無量壽如來，左手持赤蓮花，右手微啟，呈蓮花形，持一瓣蓮花，做開敷蓮花之狀。

密號：正法金剛、本淨金剛

種子字：𑖦𑖺（mo）或𑖮𑖿𑖨𑖱𑖾（hrīḥ）

17 聖觀自在菩薩

三昧耶形：：初割蓮花

印相：：八葉印（觀自在印）

【真言】南麼　三曼多勃馱喃　薩婆　怛他蘖哆嚩路吉多　羯噜儜麼也　囉　囉　囉　吽　若　莎訶

namaḥ samanta-buddhānāṃ sarva-tathāgatāvalokita-karuṇā-maya ra ra ra hūṃ jaḥ svāhā

18 蓮華部發生菩薩

蓮華部發生菩薩（梵名 Padakulodbhava），爲胎藏界蓮華部院之一尊，尊形爲肉色，左手當腰持開敷蓮華，右手當心上屈無名指，安坐於赤蓮華。

密號：無盡金剛

種子字：[種子字]（mo）

三昧耶形：未敷蓮華

18 蓮華部發生菩薩

印相：蓮華合掌

【真言】南麼 三曼多勃馱喃 吃沙 拏 囉 閻 劍

namaḥ samanta-buddhānāṃ kṣaḥ daḥ ra yaṃ kaṃ

19 大勢至菩薩

大勢至菩薩（梵名Mahā-sthāma-prāpta），音譯摩訶娑太摩鉢羅跢。意譯作「得大勢」、「大精進」。此菩薩以智慧光普照一切，令眾生遠離三惡道，得無上大力；又彼行佛道時，十方世界一切地皆震動，所以稱爲大勢至。

其與觀世音菩薩同爲西方極樂世界阿彌陀佛之脇侍，世稱西方三聖。依《悲華經》卷三記載，當阿彌陀佛入滅後，由觀世音菩薩補其位；觀世音入滅後，則

19 大勢至菩薩

由大勢至補處成佛，號善住珍寶山王如來。

大勢至菩薩於現圖胎藏界曼荼羅，位列觀音院中。

尊形：全身肉色，左手持開合蓮花，右手揚掌屈指，置於胸前，坐於赤蓮花上。

密號：持輪金剛

種子字：𑖭𑖽（saṃ）或 𑖭𑖾（saḥ）

三昧耶形：未敷蓮花

印相：虛心合掌

【真言】南麼 三曼多勃馱喃 髯 髯 索 莎訶
namaḥ samanta-buddhānāṃ jaṃ jaṃ saḥ svāhā

20 毗俱胝菩薩

毗俱胝菩薩（梵名 Bhṛkutī），尊形身呈肉色，現四臂相，左一手持蓮華，次手持瓶，右一手結施無畏印，次手持念珠著羯磨衣，端坐青蓮花。

密號：定慧金剛

種子字：（bhṛ）或（trā）

三昧耶形：數珠鬘

20 毗俱胝菩薩

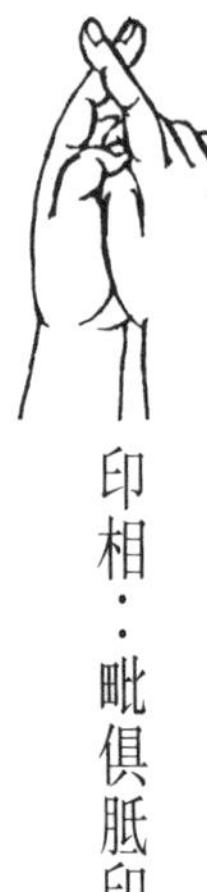
印相：毗俱胝印

【真言】南麼 三曼多勃馱喃 薩婆陪也怛囉散儞 吽 薩破吒也 莎訶

namaḥ samanta-buddhānāṃ sarva-bhaya-trāsani hūṃ sphoṭaya svāhā

21 多羅菩薩

多羅菩薩（梵名 Tārā）又作多利菩薩。意譯作眼、妙目精、極度、救度、瞳子。又稱聖多羅菩薩、多羅尊、多利尊。爲觀世音菩薩所化現之身，故亦稱多羅尊觀音、多羅觀世音。

此尊於現圖胎藏界曼荼羅，位觀音院内列，爲觀音部之佛母，此菩薩有二十

21 多羅菩薩

一種化身，又稱爲二十一度母。

根據《大方廣曼殊室利經》〈觀自在菩薩授記品〉記載，觀自在菩薩入於普光明多羅三昧，以三昧力，由眼中放大光明，多羅菩薩即由光明中而生。此多羅菩薩光照一切眾生，猶如慈母般悲愍、救度眾生出離生死苦海。

尊形：全身青白色，著羯磨衣，頂戴髮冠，上有化佛；二手合掌，手持青蓮花，於蓮座上半跏趺坐。

密號：悲生金剛、行願金剛

種子字：（tā）或（tra）

三昧耶形：青蓮華（已開卻合）

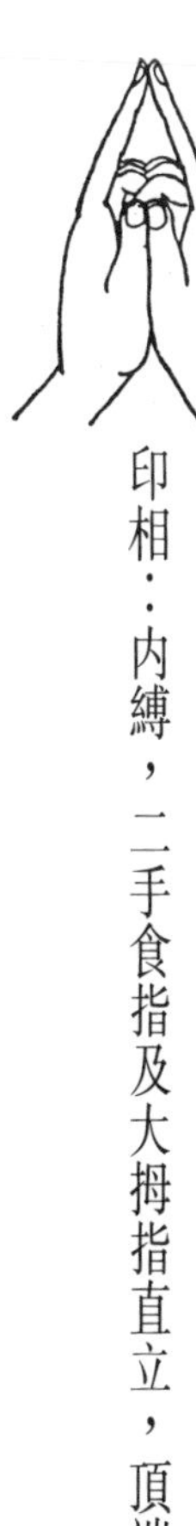

印相：內縛，二手食指及大拇指直立，頂端相合

【真言】南麽 三曼多勃馱喃 哆囉哆嚟抳 羯嚕拏嗢婆吠 莎訶

namaḥ samanta-buddhānāṃ tāre tāriṇi karuṇodbhava svāhā

22 大明白身菩薩

大明白身菩薩（梵名 Gaurīmahāvidya），音譯毫利摩訶微地也，爲現圖胎藏界曼荼羅蓮華部院內之菩薩。

尊形：身呈淺黃色，右手屈臂，結與願印，置於胸前；左手屈肘，執開敷之蓮花，坐於赤蓮花上。

密號：常淨金剛、放光金剛

22 大明白身菩薩

種子字：**𑖭**（sa），爲第一義諦不可得之義

三昧耶形：開敷蓮花

印相：蓮華合掌

【真言】南麼 三曼多勃馱喃 吃沙 拏 囉 閻 劍

namaḥ samanta-buddhānāṃ kṣaḥ daḥ ra yaṃ kaṃ

23 馬頭明王菩薩

馬頭明王菩薩（梵名Hayagriva），即又稱馬頭觀音，六道觀音之一，是大悲觀世音菩薩，於六道中之畜牲道之化現。

尊形：身呈赤肉色，三面二臂，雙手結印，立右膝，頭頂有白馬頭，安坐赤蓮花上。

密號：迅速金剛、噉食金剛

種子字：（haṃ）或（hraṃ）

三昧耶形：白馬頭

23 馬頭明王菩薩

印相：馬頭印

【真言】南麼 三曼多勃馱喃 佉娜也 畔若 娑破吒也 莎訶

namaḥ samanta-buddhānāṃ khādaya bhañja sphāṭaya svāhā

24 大隨求菩薩

大隨求菩薩（梵名 Mahā-pratisarā），音譯摩訶鉢羅底薩落，略稱隨求菩薩，能使一切眾生所求圓滿。在現圖胎藏界曼荼羅中，此尊位居觀音院。此一菩薩能隨眾生之祈求，而爲其除苦厄、滅惡趣，能圓滿一切眾生希望，因此稱爲隨求。

依《大隨求陀羅尼經》所記載，如果有人聽聞其咒，即能消滅其罪障。若受持讀誦，則火不能燒、刀不能害、毒不能侵、能得一切護法的守護。若書寫其咒

24 大隨求菩薩

懸於臂上及頸下，則此人能獲得一切如來的加持。

大隨求菩薩之尊形身呈黃色，一面八臂。所戴寶冠中有化佛，八臂各結印契，所以有八種手印。而且相應於八印，而有八種真言。在日本密教裏，常用來爲產婦之平安及求子而修。其八手持物分別爲：右一手持金剛杵，右二手持寶劍，右三手持斧，右四手持三叉戟。左一手持光焰金輪，左二手持輪索，左三手持寶幢，左四手持梵篋。

密號：與願金剛

種子字：𑖢𑖿𑖨（pra）

三昧耶形：梵篋

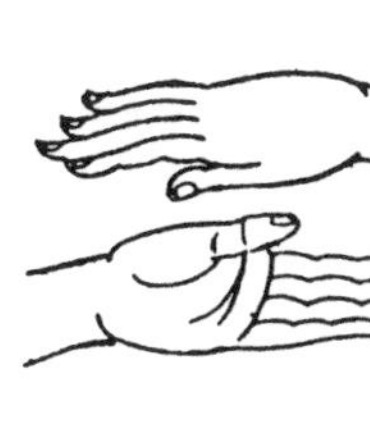

印相：梵篋印

【真言】唵 跛囉 跛囉 三跛囉 三跛囉 印捺哩也毗戌馱𩕳 吽吽嚕嚕 左㘑 娑嚩賀

oṃ bhara bhara sambhara sambhara indriya viśodhani hūṃ hūṃ ruru cale svāhā

25 窣堵波大吉祥菩薩

窣堵波大吉祥菩薩（梵名 Stūpamahāśrī）。其尊形為肉色，左右手各當胸持蓮華，安坐赤蓮華。

密號：利樂金剛或利益金剛

25 窣堵波大吉祥菩薩

種子字：𑖭（sa）

三昧耶形：開敷蓮華

印相：蓮華合掌

【真言】唵 阿利也率覩波摩訶尸利 娑縛賀

oṃ āryastūpamahāśri svāhā

26 耶輸陀羅菩薩

耶輸陀羅菩薩（梵名 Yaśodharā），又作耶輸多羅、耶惟檀，意譯作持譽、持稱、華色。

爲釋迦牟尼佛未出家前悉達太子之正妃，羅睺羅之生母。耶輸陀羅相好端嚴，姝妙第一，具足德性美貌。她在釋尊成道五年後，與釋尊之姨母摩訶波闍波提等五百名釋迦族女，亦剃染受具足戒爲比丘尼。

在現圖曼荼羅中，耶輸陀羅位於胎藏界曼荼羅觀音院。

尊形：身呈黃金色，呈天女之像，頭戴金線冠。右手結與願印，左手持一樹枝。

密號：示現金剛

種子字：य（ya）

26 耶輸陀羅菩薩

三昧耶形：楊柳或樹枝

印相：內五鈷印

【真言】曩莫　三滿多沒馱喃　琰　野戍馱囉野　娑嚩賀

namaḥ samanta-buddhānāṃ yaṃ yaśodharāya svāhā

27 如意輪觀音

如意輪觀音（梵名Cintāmaṇickra），爲六觀音之一，全稱爲如意輪觀世音

27 如意輪觀音

菩薩，又稱爲如意輪菩薩、如意輪王菩薩。此菩薩手持如意寶珠及法輪，救拔一切眾生的痛苦，成滿眾生之願望。如意寶珠，代表世間的一切珍寶及出世間實相之寶，能使眾生具足福德，而法輪，表轉動一切實相之法，能使眾生具足智德。此菩薩位於現圖胎藏界曼荼羅觀音院中。其形像有二臂、四臂、六臂、八臂、十臂、十二臂等不同，其中以二臂及六臂最爲常見。

有說此菩薩之六臂，象徵六觀音度化六道，即：右方第一思惟手配於聖觀音、地獄道，第二如意寶珠手配於千手觀音、餓鬼道，第三念珠手配於馬頭觀音、畜生道；左方第一光明山手配於十一面觀音、阿修羅道，第二蓮花手配於准胝觀音、人道，第三金剛輪手配於如意輪觀音、天道。

尊形：身呈黃色，頭載寶冠，中有阿彌陀佛化佛。半跏趺坐於赤蓮華上，一面六臂，右一手作思惟形，第二手持如意寶珠，右三手持念珠。左第一手按光明山，左二手持開敷蓮，左三手持寶輪。

密號：持寶金剛

種子字：𑖮𑖿𑖨𑖱𑖾（hrīḥ）

三昧耶形：如意寶珠

印相：如意輪觀音印

【真言】唵 跛娜麼 振跢麼抳 入嚩攞 吽

oṃ padma cintāmaṇi jvala hūṃ

28 大吉祥大明菩薩

大吉祥大明菩薩（梵名 Mahāśrī-mahāvidya），音譯摩訶室利摩訶微地也。

28 大吉祥大明菩薩

「大吉祥」表示不染生死、清淨無垢蓮花三昧，「大明」有照應度機類無邊際之義。位現圖胎藏界曼荼羅觀音院中，又作大吉祥觀自在菩薩、大吉祥。

尊形：身呈肉色，趺坐於赤蓮花之上。左手持開敷之蓮花，置於腰側。左側有使者持花鬘。

密號：靈瑞金剛

種子字：ᛋ（sa）

三昧耶形：開敷蓮花

印相：蓮華合掌

【真言】南麼　三曼多勃馱喃　吃沙　拏　囉　閻　劍

namaḥ samanta-buddhānāṃ kṣaḥ daḥ ra yaṃ kaṃ

29 大吉祥明菩薩

大吉祥明菩薩（梵名Śrīmahāvidyā），音譯室利摩訶微地也。爲現圖胎藏界曼荼羅觀音院中之菩薩，又作吉祥觀自在菩薩、吉祥菩薩、吉祥。「大吉祥」，表示不染生死、清淨無垢，即以無染清淨法門破除眾生之冥暗。

尊形：身呈肉色，趺坐於赤蓮花之上。左臂持未開敷之蓮花；右手立掌，掌心向外，屈無名指、小指，餘三指豎立。

密號：常慶金剛

種子字：स（sa）

29 大吉祥明菩薩

三昧耶形：未開敷之蓮花

印相：蓮華合掌

【真言】

(1)唵　摩訶室利微地也　娑縛訶

oṃ mahāśrīvidye svāhā

(2)南麼　三曼多勃馱喃　吃沙　拏　囉　閻　劍

namaḥ samanta-buddhānāṃ kṣaḥ daḥ ra yaṃ kaṃ

30 寂留明菩薩

寂留明菩薩（梵名 Sivavahavidya），音譯尸縛縛呵尾地也。乃蓮華部之忿怒身，列於胎藏界曼荼羅觀音院，係定門之尊，取寂靜心留之義，故稱寂留明。

尊形：身呈肉色，戴金線冠，左手舒食指，屈其餘四指置於胸前，右掌向外高舉。著天衣，兩端飄颺，立左膝，坐於赤蓮花。

密號：定光金剛

種子字：ᛋ（sa）

三昧耶形：開敷蓮花

30 寂留明菩薩

印相：蓮華合掌

【真言】(1)唵　尸縛縛呵尾地也　娑訶

oṃ śivāvahavidye svāhā

(2)南麼　三曼多勃多喃　吃沙　拏　囉　閻　劍

namaḥ samanta-buddhānāṃ kṣaḥ daḥ ra yaṃ kaṃ

31 被葉衣觀音

被葉衣觀音（梵名 Palāśāmbarī），披葉衣之意，又稱葉衣觀自在菩薩、葉衣菩薩、葉衣觀音，爲觀音變化身之一，位於胎藏界曼荼羅觀音院。因全身覆於蓮葉中，故稱葉衣菩薩。

31 被葉衣觀音

尊形：全身呈肉色，左手持索，右手執杖，左膝屈立，坐於赤蓮花上。

密號：異行金剛

種子字：（sa）

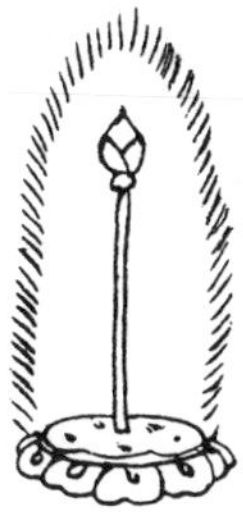

三昧耶形：未開敷蓮華杖

印相：右手與願印，左手持羂索

【真言】唵 跛哩娜捨嚩哩 吽 發吒

oṃ parṇaśavari hūṃ phaṭ

32 白身觀自在菩薩

白身觀自在菩薩（梵名Śvetabhagavatī），音譯尸吠多波誐嚩底。又稱溼吠多菩薩、白身菩薩、摩訶溼廢多菩薩、溼廢多白身菩薩、大白菩薩、白身觀音、白尊者、白觀自在菩薩，於現圖胎藏界曼荼羅位觀音院中。

此尊身呈白黃色、左手持蓮花，代表本來清淨之德，以修行成就，故顯佛智；右手安於膝上，表示普化眾生。白，代表清淨大悲；身，表聚集之意，「白身」代表聚集清淨大悲之意。

尊形：通身呈白黃色，左手執蓮花、右手伸五指覆向肩，曲肱而安置於右膝上，右膝稍立起，坐於赤蓮花上。

密號：普化金剛

種子字：ས（sa）

32 白身觀自在菩薩

三昧耶形：開合蓮花

印相：蓮華合掌

【真言】唵　摩訶鉢頭米　濕廢諳倪　虎嚕　虎嚕　莎縛訶

oṃ mahāpadme śvetāṅge huru huru svāhā

33 豐財菩薩

豐財菩薩（梵名 Bhogavatī），意爲福德、尊貴，又作資財主菩薩。

33 豐財菩薩

位於胎藏曼荼羅觀音院。此尊之福德智慧資財豐饒，能自在施與祈求者，所以稱豐財菩薩。

尊形：身呈白肉色，左手持二蓮華，其中一花已開，一花未綻放，右手屈舉於肩旁，仰掌，屈無名指及小指，結跏趺坐於赤蓮花上。

密號：如意金剛

種子字：（sa）

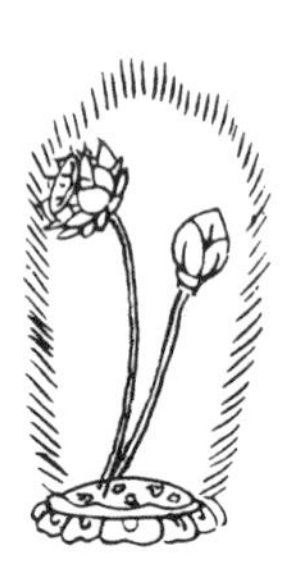

三昧耶形：二蓮花，一者已開、一者未開

印相：蓮華合掌

【真言】 (1)唵　阿利也　陀羅阿利　莎賀

oṃ ārya dharāri svāhā

(2)唵　阿利也補伽縛底　莎賀

oṃ āryabhogavati svāhā

34 不空羂索觀音

不空羂索觀音（梵名Amogha-pāśa），又作不空羂索觀世音菩薩、不空王觀世音菩薩、不空廣大明王觀世音菩薩、不空悉地王觀世音菩薩、不空羂索菩薩。爲六觀音之一，位胎藏現圖曼荼羅觀音院。此菩薩名號的由來，是因爲其大悲羂索所成之網，能網卻眾生之煩惱，而其心願終不落空，故名爲「不空羂索」。

根據《不空羂索神變真言經》卷一〈母陀羅尼真言序品〉記載，觀世音菩薩在過去九十一劫之最後劫，由世間自在王如來，受不空羂索心王母陀羅尼真言。若有善男子、善女人等，受持讀誦此陀羅尼真言，可得現世二十種功德及臨終八

34 不空羂索觀音

種利益。

尊形：身呈白肉色，三面四臂，其面各具三目，左手持開敷蓮華、羂索，右手執軍持瓶、數珠。另有一面、十一面、六臂、八臂、十八臂、三十二臂等異說。

密號：等引金剛

種子字：（mo）

三昧耶形：羂索

印相：不空羂索印

【真言】唵　阿謨伽鉢訥摩　播舍　骨嚕馱葛哩沙野　吠舍野　摩賀　鉢戍鉢底
野摩嚩嚕拏　酤吠囉　沒囉賀摩　吠沙馱囉　鉢訥摩　酤羅　三摩煬
吽　吽

oṃ amogha-padma-pāśa-krodh'ākarṣaya praveśaya mahā-paśupati-yama-varuṇa-kuvera brahma-veśa-dhara padma-kula-samayān huṃ huṃ

35 水吉祥菩薩

水吉祥菩薩（梵名 Dakasrī）。又稱大水吉祥菩薩。爲位列現圖胎藏界曼荼羅觀音院之尊。

尊形：身呈白黃色，左手持未開蓮花，右手結施無畏印，坐於赤蓮花上，左右各爲燒香供養使者與塗香供養使者。

密號：潤生金剛，謂其以大日如來之智水，澆注眾生

種子字：（sa）

35 水吉祥菩薩

三昧耶形：蓮華

印相：蓮華合掌

【真言】唵　阿利也曩迦　娑縛訶

oṃ āryodakaśrī svāhā

36 大吉祥變菩薩

大吉祥變菩薩（梵名 Lakṣma-mahāvidya），音譯攞乞叉摩摩訶微地也，又

36 大吉祥變菩薩

稱大吉變菩薩，爲位列現圖胎藏界曼荼羅觀音院之菩薩。此尊住於如幻三昧，代表普門示現之德。

尊形：身呈肉色，趺坐於赤蓮花上。左手豎臂，覆作拳狀，持半開敷之蓮花，置於肩側。右手仰掌，稍屈拇指，置於胸前。

密號：動用金剛

種子字：𑖭（sa）

三昧耶形：開合蓮華

印相：蓮華合掌

【真言】唵　攞乞叉彌　摩訶　微地也　莎訶

oṃ lakṣma mahā vidya svāhā

37 白處尊菩薩

白處尊菩薩，即白衣觀音（梵名 Pāṇḍaravāsinī），音譯作伴陀羅縛字尼，意譯爲白住處。

指三十三觀音中之第六尊，常著白衣在白蓮花中，代表其安住清淨菩提心。此尊又稱爲大白衣觀音、白處觀音、服白衣觀音、白衣觀自在母。

尊形：身呈白黃色，著白衣，左手持白蓮花，右手作與願印，置於腰前，結跏趺坐於赤蓮花上。

密號：離垢金剛、普化金剛

種子字：（pa）

37 白處尊菩薩

三昧耶形：開敷蓮華

印相：白處尊印

【真言】南麼 三曼多勃馱喃 怛他蘗多 微灑也三婆吠 鉢曇摩忙嚦儞 莎訶

namaḥ samanta-buddhānāṃ tathāgata-viṣayasaṃbhave padmamālini svāhā

38 多羅使者

多羅使者（梵名 Tārāceṭī），爲多羅菩薩左側之侍者。

尊形：身呈肉色，雙手合掌，持未開蓮華。

種子字：（dhī）

三昧耶形：未開敷之蓮花

印相：蓮華合掌

【真言】南麼 三曼多勃馱喃 地 室唎 唅 沒嚂 娑嚩賀

namaḥ samanta-buddhānāṃ dhi śrī haṃ braṃ svāhā

38 多羅使者

39 奉教使者

39* 奉教使者

奉教使者（梵名Pratihārī），此尊在本書上冊前附曼荼羅圖版折頁中並無繪出，然在其他傳圖中也有將之繪列為毗俱胝菩薩右側之侍者，因此為求完整，仍將其臚列而出，並在中冊的諸尊位置圖折頁中，列出其名，以利讀者參閱。

尊形：身呈肉色，左手持蓮華。右手押股安坐於蓮花上。

種子字：（dhī）

印相：蓮華合掌

【真言】南麼 三曼多勃馱喃 地 室唎 唅 沒囕 娑嚩賀

namaḥ samanta-buddhānāṃ dhi śrī haṃ braṃ svāhā

40 蓮華軍荼利

蓮華軍荼利（梵名 Padmakuṇḍalī），爲聖觀自在菩薩右側之侍者。

尊形：身呈青色，髮如火焰豎立，持未開蓮華。著天衣，安坐於蓮台上。

密號：降伏金剛

種子字：𑖎𑖲（ku）

三昧耶形：未開之蓮華

印相：蓮華合掌

【真言】南麼 三曼多勃馱喃 地 室唎 哈 沒嚂 娑嚩賀

namaḥ samanta-buddhānāṃ dhi śrī haṃ braṃ svāhā

40 蓮華軍荼利

41 鬘供養

41 鬘供養

鬘供養（梵名 Mālāpūjā），爲大吉祥大明菩薩之使者。

尊形：兩手持華鬘，著天衣，安坐於蓮台。

密號：大輪金剛

種子字：ম（ma）

三昧耶形：華鬘

印相：蓮華合掌置額前

【真言】 南麼 三曼多勃馱喃 摩訶妹咀囉也毗庾蘖帝 莎訶

namaḥ samanta-buddhānāṃ mahā maitry abhyudgate svāhā

42 蓮華部使者

蓮華部使者（梵名 Padmakulaceṭi），尊形爲身呈肉色，兩手持金盤盛蓮華。

種子字：（dhī）

三昧耶形：金盤上之蓮花

印相：蓮華合掌

【真言】同38多羅使者

南麼　三曼多勃馱喃　地　室唎　唅　沒噓　娑嚩賀

namaḥ samanta-buddhānāṃ dhi śrī haṃ braṃ svāhā

42 蓮華部使者

43・44・45 蓮華部使者

43・44・45 蓮華部使者

蓮花部使者三位（梵名 Padmacetī），位於大隨求菩薩右前方之使者。

尊形：三者之尊形爲身呈肉色，呈跪姿，居中者右手持劍，左手持蓮花；左右二位則皆合掌。

種子字：（dhī dhī dhī）

三昧耶形：蓮花上劍

印相：蓮華合掌

【真言】同38多羅使者

南麼　三曼多勃馱喃　地　室唎　唅　沒嚂　娑嚩賀

namaḥ samanta-buddhānāṃ dhi śrī haṃ braṃ svāhā

46 蓮華部使者

蓮華部使者（梵名Dutī），爲位於耶輪陀羅前之使者。

尊形：身呈肉色，半跏趺坐，立左膝，右手握拳，置於右腿上，左手持未開之蓮花。

種子字：ᛃ（dhī）

三昧耶形：未敷之蓮花

印相：蓮華合掌

【真言】南麼 三曼多勃馱喃 地 室唎 唅 沒嚂 娑嚩賀

namaḥ samanta-buddhānāṃ dhi śrī haṃ braṃ svāhā

46 蓮華部使者

47 寶供養

47 寶供養

寶供養（梵名 Ratnapūjā），為如意輪菩薩前的侍者，手捧如意寶。

尊形：身呈肉色，於蓮台上跪姿，兩手持金剛盤，上盛寶珠。

密號：供奉金剛

種子字：ร（ra）

三昧耶形：金剛盤上的寶珠

印相：普供養印

【真言】唵 阿謨伽 布惹 麼抳鉢納麼嚩日嚟 怛他蘖哆 尾路抧帝 三滿多 鉢囉薩囉 吽

oṃ amogha pūja maṇi-padmavajre tathāgata vilokite samanta prasara hūṃ

48 燒香菩薩

燒香菩薩(梵名 Dhūpapūjā),爲上香供養之菩薩,與塗香菩薩同爲水吉祥菩薩之使者。

尊形：身呈肉色,著天衣,手持香爐,結跏趺坐於蓮台之上。

種子字：（dhu）或（dha）

三昧耶形：香爐

印相：兩手屈小指、無名指、中指，指背相合，二食指直豎，指端相接，二拇指按於食指側。

【真言】南麼　三曼多勃馱喃　達摩馱睹努蘖帝　莎訶

namaḥ samanta-buddhānāṃ dharmadhātvanugate svāhā

48 燒香菩薩

49 蓮華部使者

49 蓮華部使者

蓮華部使者（梵名 Padmakulacetī），爲大吉祥明菩薩身側之使者。

尊形：身呈肉色，左手持劍，右手持蓮花，分別象徵智慧與慈悲，身著天衣，安坐於蓮台上。

種子字：（dhī）

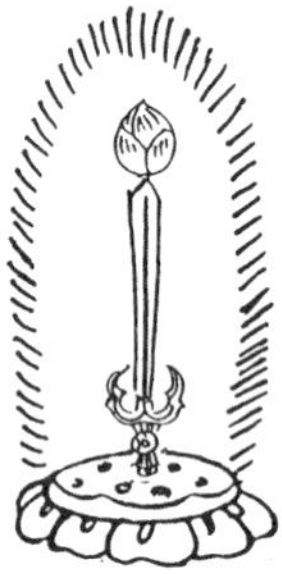

三昧耶形：未開敷之蓮花置於劍上

印相：蓮華合掌

【真言】同38多羅使者

南麼　三曼多勃馱喃　地　室唎　唅　沒嚂　娑嚩賀

namaḥ samanta-buddhānāṃ dhi śrī haṃ braṃ svāhā

50 蓮華部使者

蓮華部使者（梵名 Dūtī）。尊形身呈肉色，跪於蓮台上，雙手持金剛盤，內盛鮮花。

種子字：（dhī）

三昧耶形：金剛盤上盛鮮花

印相：蓮華合掌

【真言】同38多羅使者

南麼　三曼多勃馱喃　地　室唎　唅　沒嚂　娑嚩賀

namaḥ samanta-buddhānāṃ dhi śrī haṃ braṃ svāhā

50 蓮華部使者

51 蓮華部使者

51 蓮華部使者

蓮華部使者（梵名Dūtī），尊形身呈肉色，著天衣，立左膝屈右膝，跪於蓮台上，雙手捧金剛盤，內盛未開敷之蓮花。

種子字：（dhī）

印相：蓮花合掌

【真言】同38多羅使者

南麼　三曼多勃馱喃　地　室唎　唅　沒嚂　娑嚩賀

namaḥ samanta-buddhānāṃ dhi śrī haṃ braṃ svāhā

52 塗香菩薩

塗香菩薩（梵名Gandhapūjā），與燒香菩薩同爲水吉祥菩薩之使者。

尊形：身呈肉色，雙手合掌當胸，持未開敷之蓮花。

種子字：（ga）

三昧耶形：塗香器

印相：塗香印

【真言】南麼 三曼多勃馱喃 微輸馱 健杜納婆縛 莎訶

namaḥ samanta-buddhānāṃ viśuddha gandhodbhāv svāhā

52 塗香菩薩

53 蓮華部使者

53 蓮華部使者

蓮華部使者（梵名 Dūtī），爲大吉祥變菩薩之使者。

尊形：身呈肉色，著天衣，跪於蓮台之上，雙手合掌。

種子字：（dhī）

三昧耶形：合掌手

印相：蓮花合掌

【真言】同38多羅使者

南麼　三曼多勃馱喃　地　室唎　晗　沒嚂　娑嚩賀

namaḥ samanta-buddhānāṃ dhi śrī haṃ braṃ svāhā

第四章 金剛手院

金剛手院爲胎藏曼荼羅中的一院，位在中台八葉院的南方，即中台大日的左手位置，與蓮華部院相對應。

在此院中金剛手即是金剛薩埵的內證妙德，因此金剛手院又稱爲薩埵院。而在佛部、蓮華部及金剛部等三部中，此部表金剛部的大智之德，是大日如來的大智力用，能摧毀一切煩惱障難，因此也稱爲金剛部院。

金剛手爲手持金剛之義，金剛喻爲大智，能摧碎一切煩惱，在此金剛薩埵爲金剛部的部主，也即是根本的金剛手。而金剛薩埵在密教中，有極重要的地位，是受持大日如來密教的第二祖，爲受大日如來教敕，實踐轉動密教正法之輪的核

金剛手院

54. 金剛薩埵
55. 發生金剛部菩薩
56. 金剛鉤女菩薩
57. 金剛手持金剛菩薩
58. 持金剛鋒菩薩
59. 金剛拳菩薩
60. 忿怒月黶菩薩
61. 虛空無垢持金剛菩薩
62. 金剛牢持金剛菩薩
63. 忿怒持金剛菩薩
64. 虛空無邊超越菩薩
65. 金剛鏁菩薩
66. 金剛持菩薩
67. 持金剛利菩薩
68. 金剛輪持菩薩
69. 金剛銳菩薩
70. 懌悅持金剛菩薩
71. 金剛牙菩薩
72. 離戲論菩薩
73. 持妙金剛菩薩
74. 大輪金剛菩薩

(使者)

75. 金剛使者
76. 金剛使者
77. 金剛軍荼利
78. 金剛鉤女
79. 金剛使者
80. 大力金剛
81. 金剛童子
82. 孫婆菩薩
83. 金剛使者
84. 金剛拳
85. 金剛使者
86. 金剛王菩薩

金剛手院諸尊

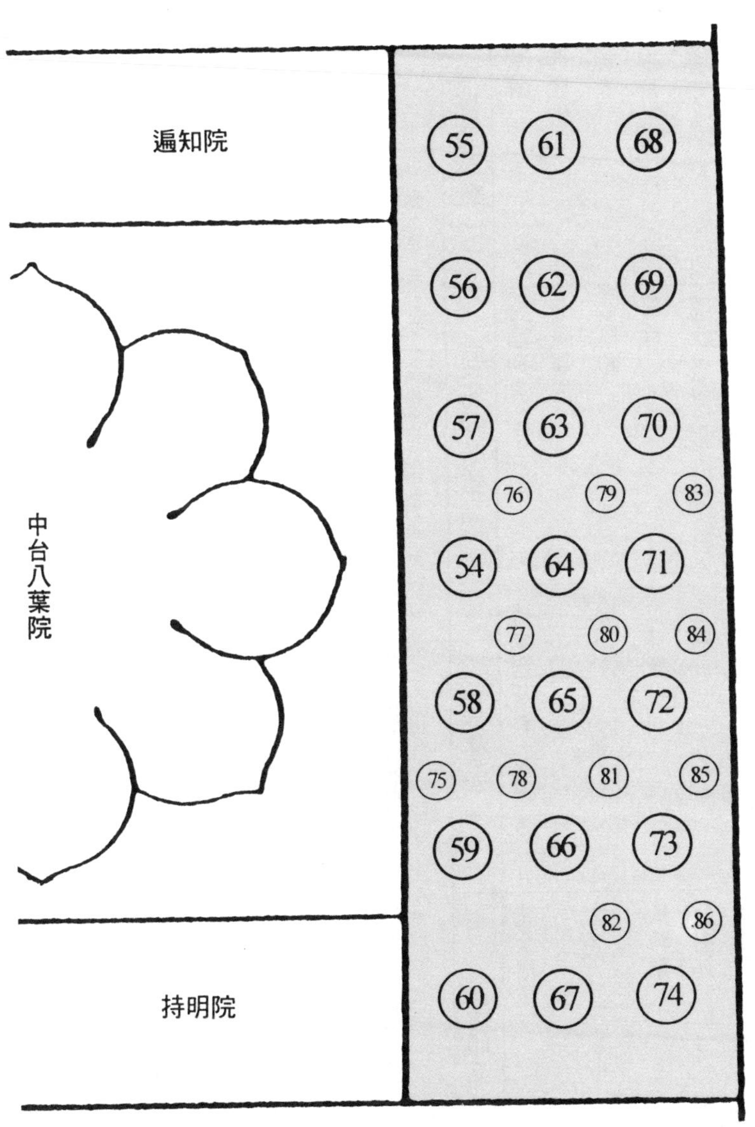
遍知院
中台八葉院
持明院
金剛手院
55
61
68
56
62
69
57
63
70
76
79
83
54
64
71
77
80
84
58
65
72
75
78
81
85
59
66
73
82
86
60
67
74

金剛手院諸尊位置圖

心菩薩。金剛薩埵在此與金剛手被視爲同尊，但在後期的無上密教中，有時將金剛薩埵與金剛手兩者別立而出。

金剛手院中有主尊二十一尊，眷屬十二尊，共有三十三尊，與蓮華部院相對應。

在《大日經》〈具緣品〉中，此院中有部主金剛薩埵等五尊。而同經的〈秘密曼荼羅品〉則舉有二十餘尊的名號。現在將「現圖曼荼羅」與《大日經》〈秘密曼荼羅品〉、〈具緣品〉、〈密印品〉中所述的諸尊，加以比對如下：

「現圖曼荼羅」	〈秘密曼荼羅品〉	〈具緣品〉	〈密印品〉
金剛薩埵	金剛勤勇	持金剛慧者（金剛藏）	執金剛
金剛部發生	金剛部生		
金剛鉤女	金剛鉤		
金剛手持	部母	忙莽雞	忙莽雞
金剛鋒	素支（針）	金剛針	金剛針
金剛拳	金剛拳		金剛拳
忿怒月黶	大德持明王	月黶尊	忿怒月黶

虛空無垢 金剛牢持 忿怒持金剛 虛空無邊超越 金剛鏁 金剛持 持金剛利 金剛輪持 金剛說（銳） 懌悅持金剛 金剛牙 離戲論 持妙金剛 大輪金剛
虛空無垢 寂然金剛 大忿金剛 無量虛空步 商羯羅 金剛金剛 大迅利 金剛輪 名稱金剛 妙住金剛 金剛牙 住無戲論 妙金剛 大金剛 青金剛 蓮華金剛 廣眼金剛
金剛商佉羅
金剛鎖

54 金剛薩埵

金剛薩埵（梵名 Vajra-sattva），其梵名前半 vajra，是金剛之義；sattva，薩埵，是勇猛、有情等義。又稱爲金剛手、金剛手祕密主、執金剛祕密主、持金剛具慧者、金剛上首、大樂金剛、蘇羅多金剛、一切如來普賢、普賢薩埵、普賢金剛薩埵、金剛勝薩埵、金剛藏、執金剛、祕密主、金薩。

金剛薩埵，又象徵「堅固不壞之菩提心」與「煩惱即菩提」。此尊爲胎藏界曼荼羅金剛部院「大智金剛部」之主尊。主「折伏門」之德，以摧破一切惡魔爲本誓。

尊形：全身呈肉色，頭部略傾向右側，右手臂彎曲，稍舉向上，掌面向上，五指微曲，掌中橫置三股杵；左手臂亦彎曲，略舉向上，握拳置胸前，掌背對右手。

密號：真如金剛

54 金剛薩埵

種子字：（vaṃ）或（hūṃ）

三昧耶形：五鈷金剛杵

印相：內五鈷印

【真言】南麼 三曼多伐折囉赧 戰拏 摩訶嚕灑拏 吽

namaḥ samanta-vajrāṇāṃ caṇḍa-mahā-roṣaṇa hūṃ

55 發生金剛部菩薩

發生金剛部菩薩（梵名 Vajrakulodbhava）爲胎藏界金剛手院之一尊。

尊形：身呈淺黃色，手結定印，上立獨鈷杵，代表不壞菩提心。著天衣，安坐於赤蓮華上。

密號：不壞金剛

種子字：ᐁ（va）

三昧耶形：獨鈷杵

55 發生金剛部菩薩

印相：持地印

【真言】曩莫 三滿多嚩日囉赧 吽 吽 吽 頗吒 頗吒 頗吒 髯 髯 娑嚩賀

namaḥ samanta-vajrāṇāṃ hūṃ hūṃ hūṃ phaṭ phaṭ phaṭ jaṃ jaṃ svāhā

56 金剛鉤女菩薩

金剛鉤女菩薩（梵名 Vajrāṅkuśī），音譯縛日羅句尸。於現圖胎藏界曼荼羅金剛手院中。此尊以般若之鉤召集眾生，施與殊勝之智慧。

尊形：身呈肉色，右手屈臂仰掌置於腋下，指尖向下，拇指張開，食指稍開

56 金剛鉤女菩薩

，左手持金剛鉤，豎立左膝，面向右而下視，坐於赤蓮花上。

密號：召集金剛

種子字：（āḥ）

三昧耶形：三股鉤或三股鉾

印相：大鉤召印

【真言】南麼　三曼多勃馱喃　阿　薩婆怛囉鉢囉底訶諦　怛他蘗黨矩奢　菩提
凘嚩耶　鉢嚩布邏迦　莎訶

namaḥ samanta-buddhānāṃ āḥ sarvatrāpratihata tathāgatāṅkuśa

bodhi-carya-paripūraka svāhā

57 金剛手持金剛菩薩

金剛手持金剛菩薩（梵名 Vajra-hasta-vajra-dhara），音譯嚩日囉呵窣堵嚩日囉馱洛，位於現圖胎藏界曼荼羅金剛手院之菩薩，主金剛部能生之德。此尊與金剛部母之忙莽雞菩薩同體（梵 Māmaki）。

尊形：身白黃色，左手向內，持三股杵，右手施願，面微向右，坐於赤蓮花上。

密號：堅固金剛或祕密金剛

種子字：（triṃ）

57 金剛手持金剛菩薩

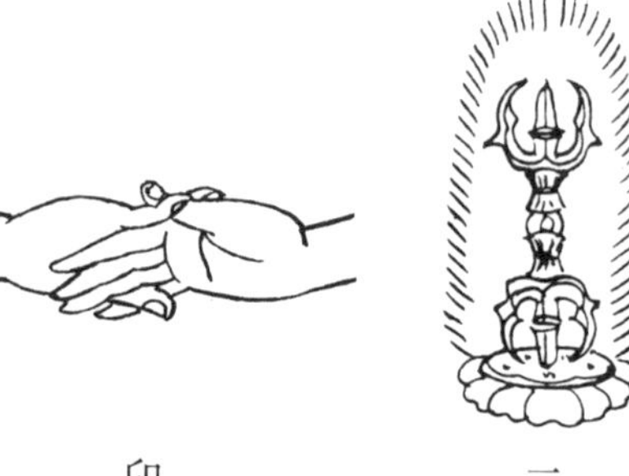

三昧耶形：三鈷杵

印相：持地印

【真言】南麼　三曼多伐折囉赧　怛嘌吒　怛嘌吒　若衍底　莎訶

namaḥ samanta-vajrāṇāṃ triṭ triṭ jayanti svāhā

58 持金剛鋒菩薩

持金剛峰菩薩（梵名Vajrāgradhāri），此菩薩代表佛陀以銳利的智慧之槍

58 持金剛鋒菩薩

，破除眾生的煩惱。

尊形：身呈赤肉色，左手握智拳，掌心朝上，置於臍下，右手持棒。

密號：迅利金剛

種子字：（hūṃ）

三昧耶形：一鈷戟

印相：持地印

【真言】唵 鉢囉底訖哩恨拏 怛嚩 緇摩含薩埵 摩訶婆囉

oṃ pratigṛhṇa tvam imaṃ sattvaṃ mahābalaḥ

59 金剛拳菩薩

金剛拳菩薩（梵名Vajramuṣṭi），此尊菩薩以金剛智慧，破壞眾生貪、瞋、痴等三毒煩惱，其手持十字羯摩杵，代表勇猛迅速破除煩惱的所行。

尊形：身呈白肉色，左手作拳，仰掌置腰，右手執十字獨鈷杵。

密號：祕密金剛

種子字：（hūṃ）

三昧耶形：十字獨鈷杵

59 金剛拳菩薩

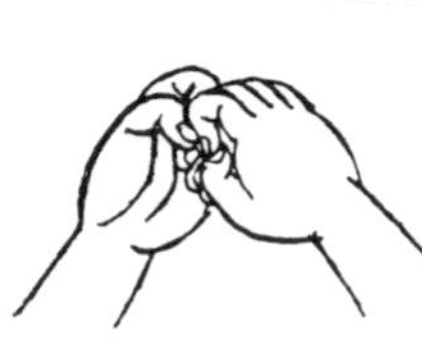

印相：金剛拳印置胸口

【真言】南麼 三曼多伐折囉赦 薩破吒也 伐折囉三婆吠 莎訶

namaḥ samanta-vajrāṇāṃ sphoṭaya vajra-sambhave svāhā

60 忿怒月黶菩薩

忿怒月黶菩薩（梵名Krodha-candra-tilaka），音譯句路馱贊捺羅底擺迦，爲現圖胎藏曼荼羅金剛手院之菩薩。又作忿怒月黶尊、金剛月黶、月黶尊。根據《大日經》卷一〈具緣品〉記載，於執金剛之下，有忿怒降三世，能摧伏大障者，稱爲月黶尊。

尊形：身呈青黑色，戴天冠，三目四臂，呈極忿怒形，口現四牙，左右第一

60 忿怒月黶菩薩

手握拳交腕，左第二手張臂持獨鈷杵，右第二手舉肘執三鈷戟，結跏趺坐於赤蓮花上。

密號：底羅金剛

種子字：（hrīṃ）

三昧耶形：三鈷戟或獨鈷戟

印相：金剛慧印（內五鈷印）

【真言】南麼　三曼多伐折囉赧　頡唎　吽　發吒　莎訶

namaḥ samanta-vajrāṇāṃ hrīḥ hūṃ phaṭ svāhā

61 虛空無垢持金剛菩薩

虛空無垢持金剛菩薩（梵名 Gaganāmala-vajradhara），音譯誐誐娜摩羅縛日囉汰洛，又稱虛空無垢執金剛菩薩。此尊持大日如來金剛智印，表「五轉」中「因」之德，亦即眾生之菩提心體，以菩提心體離一切煩惱戲論，清淨猶如虛空，故稱虛空無垢。其位於胎藏界金剛手院。

尊形：身呈肉色，右手屈臂仰掌，結與願印；左手豎拳，持獨股杵，置於左胸前，面向右方，坐於白蓮花上。

密號：離染金剛

種子字：𑖮𑖳𑖽（hūṃ）

61 虛空無垢持金剛菩薩

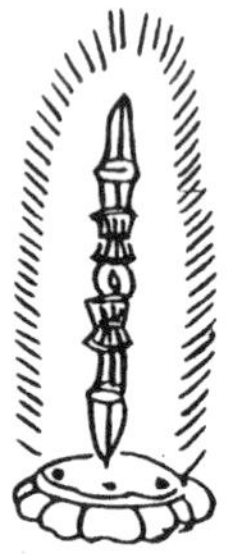

三昧耶形：獨鈷杵

印相：戟印

【真言】同55一切持金剛真言

曩莫 三滿多嚩日囉赧 吽 吽 吽 頗吒 頗吒 頗吒 髯 髯 娑
嚩賀

namaḥ samanta-vajrāṇāṃ hūṃ hūṃ hūṃ phaṭ phaṭ phaṭ jaṃ jaṃ
svāhā

62 金剛牢持金剛菩薩

金剛牢持金剛菩薩（梵名 Śivajradhara），此菩薩代表如來守護一切眾生的堅固誓言。

尊形：身呈白肉色，左手持獨鈷杵，右手呈與願印，安坐於赤蓮華上。

密號：守護金剛

種子字：𑖮𑖳𑖽（hūṃ）

三昧耶形：獨鈷杵

62 金剛牢持金剛菩薩

印相：槌印

【真言】同55一切持金剛真言

曩莫 三滿多嚩日囉赧 吽 吽 吽 頗吒 頗吒 頗吒 髯 髯 娑嚩賀

namaḥ samanta-vajrāṇāṃ hūṃ hūṃ hūṃ phaṭ phaṭ phaṭ jaṃ jaṃ svāhā

63 忿怒持金剛菩薩

忿怒持金剛菩薩（梵名Vajrāgra-vajradharaḥ），音譯嚩日羅紇羅嚩日羅馱洛，爲現圖胎藏曼荼羅金剛手院之菩薩。又作金剛利持菩薩、金剛鋒持菩薩。此

63 忿怒持金剛菩薩

尊具有如來極猛利之金剛智，以摧破眾生一切迷惑障礙爲本誓。

尊形：身呈肉色，右手屈臂開肘，仰掌作與願印，左手持三鈷杵置於胸前，立右膝，安坐於白蓮花上。

密號：威猛金剛

種子字：（hūṃ）

三昧耶形：三鈷杵

印相：戟印

【真言】同55一切持金剛真言

曩莫 三滿多嚩日囉赧 吽 吽 吽 頗吒 頗吒 頗吒 髯 髯 娑嚩賀

namaḥ samanta-vajrāṇāṃ hūṃ hūṃ hūṃ phaṭ phaṭ phaṭ jaṃ jaṃ svāhā

64 虛空無邊超越菩薩

虛空無邊超越菩薩（梵 Gaganānanta-vkirama）。又稱越無量虛空菩薩、虛空無邊遊步金剛菩薩、虛空遊步執金剛菩薩。爲胎藏界金剛手院之菩薩。

尊形：身呈黃白色，右手屈臂，開肘仰掌，指頭向右；左手向內置於胸前，持三股杵，豎右膝，交趺坐於赤蓮花上。衣之前端，繫於左肘而下垂。

密號：廣大金剛

種子字：（hūṃ）

64 虛空無邊超越菩薩

三昧耶形：三股杵

印相：持地印

【真言】同55一切持金剛真言

曩莫 三滿多嚩日囉赧 吽 吽 吽 頗吒 頗吒 頗吒 髯 髯 娑嚩賀

namaḥ samanta-vajrāṇāṃ hūṃ hūṃ hūṃ phaṭ phaṭ phaṭ jaṃ jaṃ svāhā

65 金剛鏁菩薩

金剛鏁（梵名Vajra-śṛṅkhara），音譯嚩日囉尸哩佉羅，爲現圖胎藏界曼荼羅金剛手院之菩薩，又稱金剛商竭羅菩薩。金剛鏁是足枷、鎖等刑具，兩端以金剛杵爲頭，表示化導頑固難以教化之眾生。此菩薩表示金剛部之智慧，能縛住一切眾生，脫出煩惱、所知二障。

尊形：身呈淺黃色，右手持金鎖；左手仰拳叉腰，豎立右膝，面向右方，交足趺坐於赤蓮花上。

密號：堅持金剛、堅固金剛

種子字：（hūṃ）或（baṃ）

65 金剛鏁菩薩

三昧耶形：金剛鎖

印相：轉法輪印

【真言】南麼　三曼多伐折囉赧　滿陀　滿陀也　暮吒　暮吒也　伐折路嗢婆吠　薩嚩怛囉鉢囉底　訶諦　莎訶

namaḥ samanta-vajrāṇāṃ bandha bandhaya moṭa moṭaya vaj-rodbhave sarvatrāpratihate svāhā

66 金剛持菩薩

金剛持菩薩（梵名Vajra-dhara），音譯嚩日囉陀羅，略稱金剛持。爲金剛手院之菩薩。

尊形：身呈白黃色，右手屈肘，掌向上，持直立獨股杵之下端；左手亦握獨股杵，置於左胸，著天衣，坐於赤蓮花上。

密號：常定金剛

種子字：（hūṃ）

三昧耶形：獨股杵

66 金剛持菩薩

印相：持地印

【真言】同55一切持金剛之真言

曩莫　三滿多嚩日囉赧　吽　吽　吽　頗吒　頗吒　頗吒　髯　髯　娑嚩賀

namaḥ samanta-vajrāṇāṃ hūṃ hūṃ hūṃ phaṭ phaṭ phaṭ jaṃ jaṃ svāhā

67 持金剛利菩薩

持金剛利菩薩（梵名 Vajrāgradhara），爲胎藏曼荼羅金剛手院之菩薩。

尊形：身呈赤肉色，左手持獨鈷杵，立右膝，安坐於赤蓮華上。

67 持金剛利菩薩

密號：無量語金剛

種子字：（hūṃ）

三昧耶形：獨鈷杵或三鈷杵

印相：持地印

【真言】同55一切持金剛真言

曩莫　三滿多嚩日囉赧　吽　吽　吽　頗吒　頗吒　頗吒　髯　髯　娑

嚩賀

namaḥ samanta-vajrāṇāṃ hūṃ hūṃ hūṃ phaṭ phaṭ phaṭ jaṃ jaṃ

svāhā

68 金剛輪持菩薩

金剛輪持菩薩（梵名Cakravajradhara），金剛輪比喻此尊以金剛銳利的智慧，摧破煩惱的罪障。

尊形：身呈肉色，左手覆於左股上，右手當胸立掌，屈中指、無名指，餘三指豎立。

密號：摧伏金剛

種子字：（ca）或（striya）

三昧耶形：金剛輪

68 金剛輪持菩薩

印相：大金剛輪懺悔印

【真言】娜麼悉 底嚩野地尾迦南 薩嚩怛他誐跢南暗 尾囉爾 尾囉爾摩賀斫迦羅嚩日囉 娑跢娑跢 些囉帝 些囉帝 怛邏異 怛邏異 尾馱麼儞三畔若儞 怛囉麼底 悉馱仡㘑 怛噡 沙嚩訶

namaḥ try-adhvikānāṃ sarva-tathāgatānāṃ aṃ viraji viraji mahā-cakra-vajri sata sata sārate sārate trayi trayi vidhamani sambhañjani tramati-siddhāgriya trāṃ svāhā

69 金剛銳菩薩

金剛銳菩薩（梵名 Khyātavajradharaḥ），於胎藏曼荼羅位金剛手院。

69 金剛銳菩薩

尊形：身呈白肉色，左手持蓮華，上立三鈷杵，立右膝，安坐於赤蓮華上。

密號：刃迅金剛

種子字：（hūm）或（su）

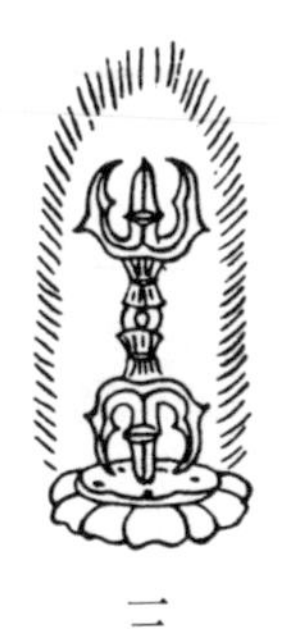

三昧耶形：三鈷杵

印相：金剛針印

【真言】南麼　三曼多伐折囉赧　薩婆達麼儞喇吠達儞　伐折囉素旨　嚩囉泥

莎訶

namaḥ samanta-vajrāṇāṃ sarva-dharma-nivedhani-vajra-sūci varade

svāhā

70 懌悅持金剛菩薩

懌悅持金剛菩薩（梵名 Suratavajradhara），代表安住於法樂，妙適娛悅的境地。

尊形：身呈淺黃色，右手掌立獨鈷杵，安坐於赤蓮華上。

密號：慶喜金剛

種子字：（hūṃ）或（su）

三昧耶形：獨鈷杵

70 懌悅持金剛菩薩

印相：持地印

【真言】 同55一切持金剛真言

曩莫 三滿多嚩日囉赧 吽 吽 吽 頗吒 頗吒 頗吒 髯 髯 娑嚩賀

namaḥ samanta-vajrāṇāṃ hūṃ hūṃ hūṃ phaṭ phaṭ phaṭ jaṃ jaṃ svāhā

71 金剛牙菩薩

金剛牙菩薩（梵名 Vajradaṃṣtra），此菩薩能噉食一切剛強眾生之煩惱，趣向無上菩提。

71 金剛牙菩薩

尊形：身呈赤肉色，左手持蓮華，上有一半的三鈷杵。右手屈四指當胸，著天衣，安坐於赤蓮華上。

密號：調伏金剛

種子字：（hūṃ）

三昧耶形：蓮華上之牙

印相：金剛藥叉大悲三昧耶明印

【真言】曩莫　三曼多沒馱南　伽尾婆羅　設咄嚕　嗚　吽　莎嚩賀

namaḥ samanta-buddhānāṃ gavībala catru u hūṃ svāhā

72 離戲論菩薩

離戲論菩薩（梵名 Niṣprapañcavihārivajradhara），音譯儞瑟波羅半左，又稱住無戲論菩薩。位於金剛手院之菩薩，此菩薩能離一切妄想戲論，直顯第一義之實相。

尊形：身呈肉色，右手豎拳當胸，食指豎立，掌心向外；左手握拳下覆，執獨股杵上方，杵之下端抵座蓮；豎右膝，安坐於赤蓮花座上。

密號：真行金剛

種子字：（hūṃ）

三昧耶形：獨股杵

72 離戲論菩薩

印相：持地印

【真言】 同55一切持金剛真言

曩莫 三滿多嚩日囉赧 吽 吽 吽 頗吒 頗吒 頗吒 髯 髯 娑
嚩賀

namaḥ samanta-vajrāṇāṃ hūṃ hūṃ hūṃ phaṭ phaṭ phaṭ jaṃ jaṃ
svāhā

73 持妙金剛菩薩

持妙金剛菩薩（梵名 Suvajradhara），位於胎藏曼荼羅金剛手院內，《石山七集》稱爲等妙金剛菩薩。

尊形：身呈白肉色，左手當腰持降三世會之三鈷杵，右手持直立之獨鈷杵，安坐於赤蓮華上。

密號：微細金剛

種子字：（hūṃ）

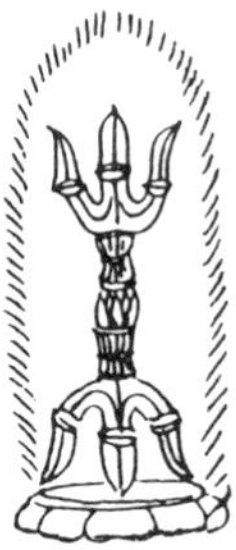

三昧耶形：羯磨鎮壇

73 持妙金剛菩薩

印相：持地印

【真言】同55一切持金剛真言

曩莫 三滿多嚩日囉赧 吽 吽 吽 頗吒 頗吒 頗吒 髯 髯 娑嚩賀

namaḥ samanta-vajrāṇāṃ hūṃ hūṃ hūṃ phaṭ phaṭ phaṭ jaṃ jaṃ svāhā

74 大輪金剛菩薩

持金剛菩薩（梵名 Mahā-cakra-vajra），有說其即是持金剛利菩薩，爲金剛手院之菩薩。

74 大輪金剛菩薩

尊形：身呈白肉色，眼稍上視，右手屈臂，繫持數珠，左手屈臂，持三鈷杵置於胸前，左腳立膝，安坐白蓮華座。

密號：般若金剛

種子字：（hūṃ）

三昧耶形：三鈷杵，或獨鈷杵

印相：持地印

【真言】同55一切持金剛真言

曩莫　三滿多嚩日囉赧　吽　吽　吽　頗吒　頗吒　頗吒　髯　髯　娑

嚩賀

namaḥ samanta-vajrāṇāṃ hūṃ hūṃ hūṃ phaṭ phaṭ phaṭ jaṃ jaṃ

svāhā

75 金剛使者

金剛使者（梵名Vajraceṭa），位於持金剛鋒菩薩右前方之使者。

尊形：身呈肉色，右手持棒。

密號：護法金剛

種子字：（he）

三昧耶形：獨鈷戟

印相：奉教刀印

【真言】同75一切奉教者真言

南麼　三曼多伐折囉赧　係　係　緊　質囉也徒　訖嘌佷儜　訖嘌佷儜

佉娜　佉娜　鉢⿰口履布囉也　薩嚩鉢囉底然　莎訶

namaḥ samanta-vajrāṇāṃ he he kiṃ cirāyasi gṛhṇa gṛhṇa khāda

khāda pari-pūraya sva-pratijñāṃ svāhā

75 金剛使者

76 金剛使者

76 金剛使者

金剛使者（梵名 Vajraceṭa），位於忿怒持金剛右前方之使者。

尊形：身呈肉色，現忿怒相，右手持刀，曲豎左膝，交腳而坐。

密號：護法金剛

種子字：（he）

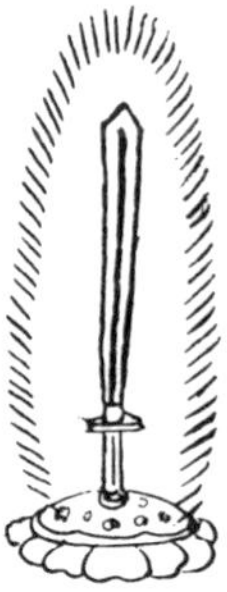

三昧耶形：刀

印相：奉教刀印

【真言】同75一切奉教者真言

南麼 三曼多伐折囉赧 係 係 緊 質囉也徒 釳嘌佷儜 釳嘌佷儜 佉娜 佉娜 鉢囉布囉也 薩嚩鉢囉底然 莎訶

namaḥ samanta-vajrāṇāṃ he he kiṃ cirāyasi gṛhṇa gṛhṇa khāda khāda pari-pūraya sva-pratijñāṃ svāhā

77 金剛軍荼利

金剛軍荼利（梵名Vajrakuṇḍalī），位於金剛薩埵左前方。在佛部、蓮華部、金剛部皆有軍荼利，佛部蘇悉地院的甘露軍荼利，蓮華部觀音院的蓮華軍荼利，及金剛院的金剛軍荼利。

尊形：身呈肉色，雙手於胸前交叉，食指、中指、無名指三指豎直併攏，屈小指、拇指。

密號：甘露金剛

種子字：（hūṃ）

三昧耶形：三鈷杵

印相：大三昧耶印

【真言】 曩莫　囉怛曩怛囉夜野　娜莫室　戰拏　摩賀嚩日囉矩嚕馱野　唵　護
嚕　護嚕　底瑟姹底瑟姹　滿馱　滿馱　賀曩　賀曩　「阿蜜㗚帝　吽」
發吒　娑嚩賀

namo ratna-trayāya namaś caṇḍa-mahā-vajra-krodhāya oṃ hulu hulu
tiṣṭha tiṣṭha bandha bandha hana hana amṛte hūṃ phaṭ svāhā

77 金剛軍荼利

78 金剛鉤女

78 金剛鉤女

金剛鉤女（梵名 Vajrāṅkuśī），爲位於胎藏曼荼羅金剛手院中之菩薩，與金剛鉤女菩薩同體，能勾召一切眾生，圓滿如來功德。

尊形：身呈肉色，左手持金剛鉤，立右膝踏於左足掌，著天衣。

密號：召集金剛

種子字：（hūṃ）或（āḥ）

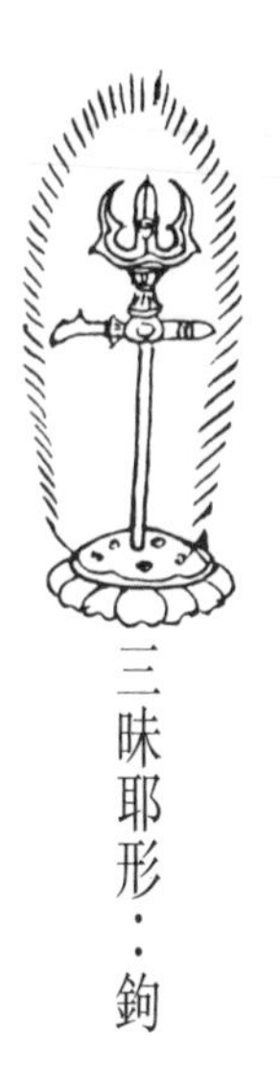

三昧耶形：鉤

印相：大鉤召印

【真言】同56金剛鉤女菩薩真言

南麼　三曼多勃馱喃　阿　薩婆怛囉鉢囉底訶諦　怛他蘖黨矩奢　菩提

浙囉耶　鉢囉布邏迦　莎訶

namaḥ samanta-buddhānāṃ āḥ sarvatrāpratihata tathāgatāṅkuśa

bodhi-carya-paripūraka svāhā

79 金剛使者

金剛使者（梵名Vajraceṭa），位於金剛手院中。

尊形：身呈肉色，現忿怒形，左手持獨鈷杵。

密號：護法金剛

種子字：（he）

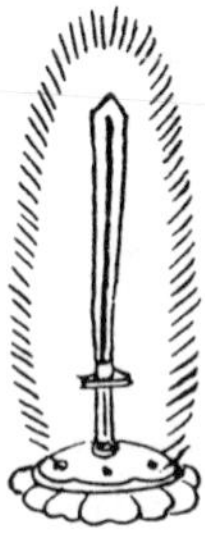

三昧耶形：刀

印相：奉教刀印

【真言】 同75一切奉教者真言

南麼　三曼多伐折囉赦　係　係　緊　質囉也徒　釳嘌佷儜　釳嘌佷儜

佉娜　佉娜　鉢囉布囉也　薩嚩鉢囉底然　莎訶

namaḥ samanta-vajrāṇāṃ he he kiṃ cirāyasi gṛhṇa gṛhṇa khāda

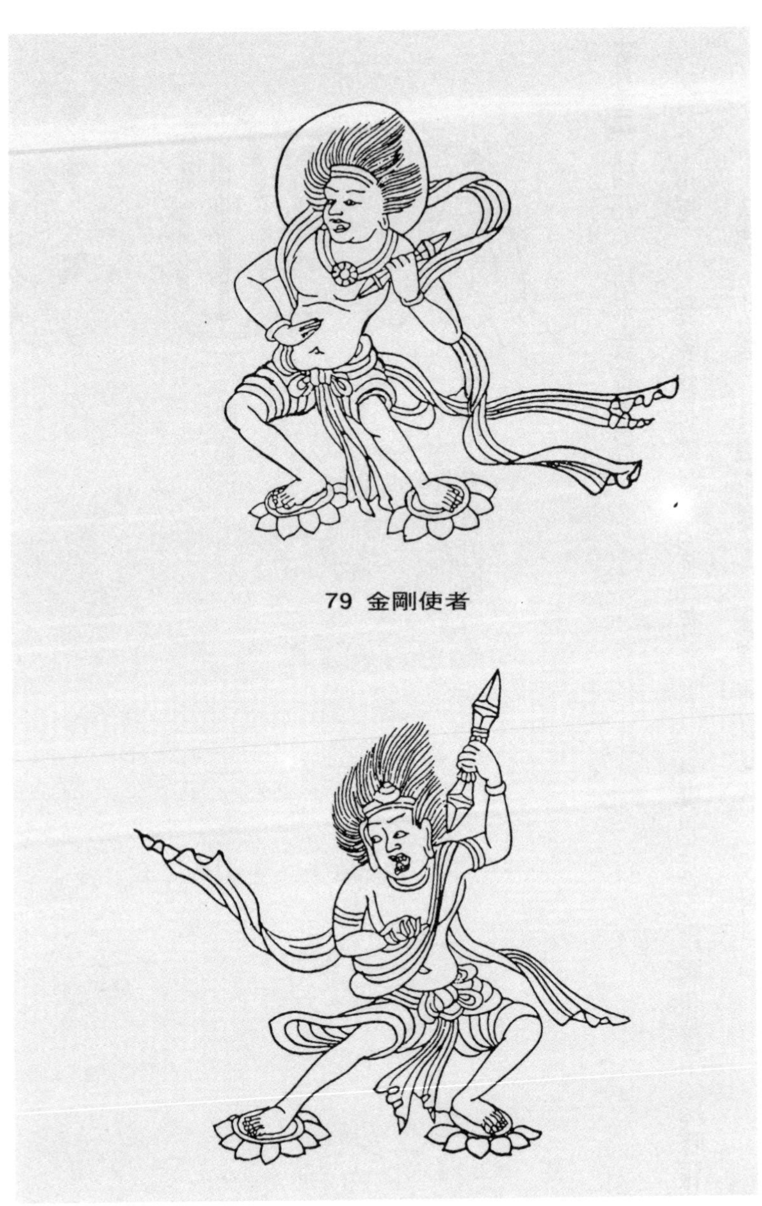

79 金剛使者

80 大力金剛

khāda pari-pūraya sva-pratijñāṃ svāhā

80 大力金剛

大力金剛（梵名 Mahābala），此尊以大力破除眾生之根本無明，故名大力金剛。

尊形：身呈肉色，現忿怒形，左手持獨鈷杵，著天衣。

密號：大勤金剛

種子字：ह（he）

三昧耶形：獨鈷杵

印相：棒印

【真言】同75一切奉教者真言

南麼　三曼多伐折囉赧　係　係　緊　質囉也徒　釳嘌佷儜　釳嘌佷儜
佉娜　佉娜　鉢囉布囉也　薩嚩鉢囉底然　莎訶

namaḥ samanta-vajrāṇāṃ he he kiṃ cirāyasi gṛhṇa gṛhṇa khāda
khāda pari-pūraya sva-pratijñāṃ svāhā

81 金剛童子

金剛童子（梵名 Kani-krodha），位胎藏曼荼羅金剛手院。以此尊為本尊所修之息災、調伏等法，稱為金剛童子法，修之可得現悉地相、現金剛兒身、見諸佛、得財寶、除怖畏、得聞持等諸功德。

尊形：呈忿怒形，身為肉色，高舉左腳，伸展兩臂，左手持金剛杵，右肩有七佛示現，右手向下結施無畏印，兩足踏於伏蓮花上，頭部有圓光，髮呈上揚之火焰狀。

密號：事業金剛

種子字：hūṃ（hūṃ）

三昧耶形：三股杵

印相：虛心合掌，無名指、食指屈入掌中，拇指並豎押食指側

【真言】吽　縛日羅　俱摩羅　迦尼　度尼　吽　吽　泮吒

hūṃ vajra kumāra kani dhūni hūṃ hūṃ phaṭ

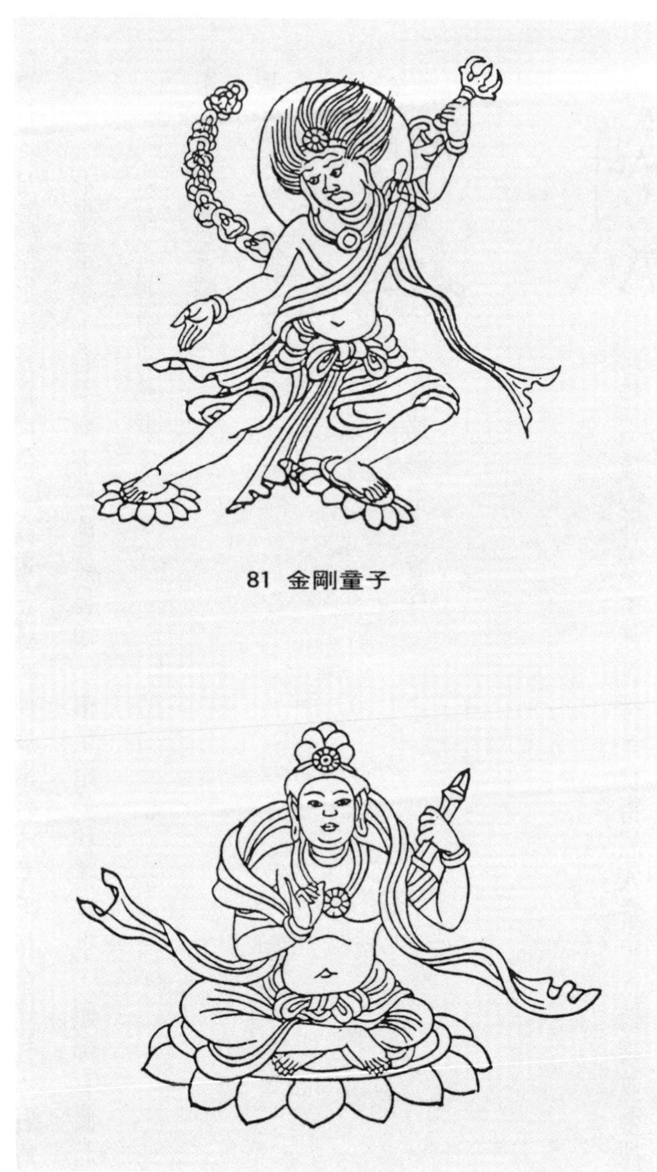

81 金剛童子

82 孫婆菩薩

82 孫婆菩薩

孫婆菩薩（梵名Śumbha），為位胎藏曼荼羅金剛手院之菩薩。

尊形：全身呈肉色，著天衣，結髮寶冠，交脛而坐。左手持獨鈷杵，捧於肩側；右手成拳，當於胸前，拇指與小指豎立，餘三指彎屈。

密號：最勝金剛

種子字：𑖭𑖲（su）或𑖐𑖴（gṛ）

三昧耶形：獨鈷杵或索

印相：降三世印

【真言】唵 遜婆 儞遜婆 吽屹哩恨拏 屹哩恨拏 吽 屹哩恨拏播野 吽
阿那野 呼 婆誐鑁嚩日囉 吽 發吒
oṃ śumbha niśumbha huṃ gṛhṇa gṛhṇa huṃ gṛhṇāpaya huṃ
ānaya ho bhagavan vajra huṃ phaṭ

83 金剛使者

金剛使者（梵名 Vajraceṭa），位於懌悅持金剛菩薩左前方。

尊形：身呈肉色，現忿怒像，左手持三鈷戟。

密號：護法金剛

種子字：（he）

三昧耶形：三鈷戟

印相：奉教刀印

【真言】同75一切奉教者真言

南麼　三曼多伐折囉赧　係　係　緊　質囉也徒　釳嘌佷儜　釳嘌佷儜

佉娜　佉娜　鉢喔布囉也　薩嚩鉢囉底然　莎訶

namaḥ samanta-vajrāṇāṃ he he kiṃ cirāyasi gṛhṇa gṛhṇa khāda

khāda pari-pūraya sva-pratijñāṃ svāhā

83 金剛使者

84 金剛拳

84 金剛拳

金剛拳（梵名 Vajradaṇḍa），與59之金剛拳菩薩同體，手執棒，象徵破除眾生煩惱。

密號：祕密金剛

種子字：[Siddham] （hūṃ）或 [Siddham] （da）

三昧耶形：棒或十字獨鈷杵

印相：金剛拳印置胸口

【真言】南麼 三曼多伐折囉赧 薩破吒也 伐折囉三婆吠 莎訶

namaḥ samanta-vajrāṇāṃ sphoṭaya vajra sambhave svāhā

85 金剛使者

金剛使者（梵名Vajraceṭa），位於離戲論菩薩左前方。

尊形：身呈青色，右手持刀，身上天衣飄揚。

密號：護法金剛

種子字：（he）

三昧耶形：刀

印相：奉教刀印

【真言】 同75一切奉教者真言

南麼 三曼多伐折囉赧 係 係 緊 質囉也徒 訖嘌佷儜 訖嘌佷儜

佉娜 佉娜 鉢嚦布囉也 薩嚩鉢囉底然 莎訶

namaḥ samanta-vajrāṇāṃ he he kiṃ cirāyasi gṛhṇa gṛhṇa khāda

khāda pari-pūraya sva-pratijñāṃ svāhā

85 金剛使者

86 金剛王菩薩

86 金剛王菩薩

金剛王菩薩（梵名 Vajrarāja），位於胎藏曼荼羅金剛手院中之菩薩。

尊形：身呈淺綠色（或肉色），二手握拳豎食指，交腕抱於胸前，披天衣，衣帶向上飄，坐於伏蓮上。

密號：自在金剛、執鉤金剛

種子字：（jaḥ）

三昧耶形：雙鉤

印相：二拳豎食指成鉤狀，於胸前交叉

【真言】唵 嚩日囉 囉惹 弱

oṃ vajra-rāja jaḥ

第五章 持明院

持明院爲胎藏曼荼羅中的一院，位於中臺八葉院的西方，即現圖中的下方，安置有般若菩薩等五尊，所以又稱爲五大院。

持明是指梵語陀羅尼（Dhāraṇi）之意，爲真言密咒的異名，而「明」（Vidyā）指能破除黑暗的聖慧，轉成真言陀羅尼之義。因此，持明即受持傳承真言，善了真言的密義，以真言的大慧光明，照破無明黑闇，顯現如來的真實智慧，所以稱爲持明。代表折伏、攝受二德。

持明院中的五尊中，有四尊示現忿怒之相，表示住持大日如來的明咒，奉其本誓，應化難度的眾生。持明院五尊，分別是指不動明王、降三世明王、般若菩

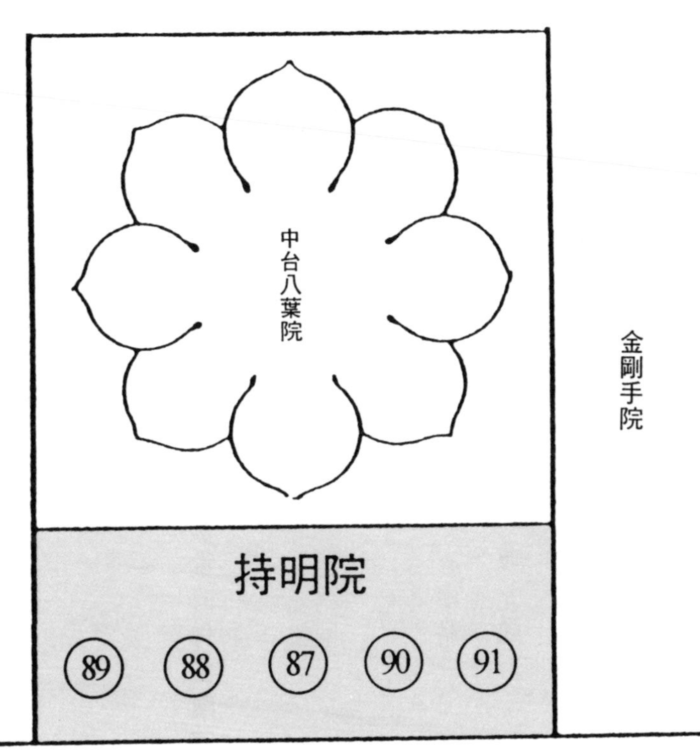

87. 般若菩薩
88. 大威德明王
89. 勝三世明王
90. 降三世明王
91. 不動明王

持明院諸尊位置圖

薩、大威德明王、勝三世明王。其中除了般若菩薩外，其餘四尊都是忿怒尊，所以又稱爲忿怒院。

在《大日經》〈具緣品〉中說：

「次住西方畫，無量持金剛；

種種金剛印，形色各差別。」

這是說明在大日如來的西方畫出無量的持金剛者，而其中的代表，在同經同品中說：

「真言主之下，依涅哩底方（西南隅）；

不動如來使，持慧刀羂索；

頂髮垂左肩，一目而諦視。（中略）

如是具慧者，次應住風方（西北隅）；

復畫忿怒尊，所謂聖三世。」

此院是代表大日如來斷除煩惱的妙德，示現忿怒的教令輪身，降伏具有強盛煩惱的惡性眾生及魔眾等。

在經軌與「現圖曼荼羅」中，此院的諸尊有不同的說法，現在比較如下：

《大日經》〈轉字輪品〉	《大日經》〈具緣品〉	《攝大軌》	「現圖曼荼羅」
不動	不動（無量的持金剛）	不動	不動
		奉教金剛拳	降三世
		持地	般若
		一切持金剛	大威德
		一切奉教	
降三世	勝三世（即降三世）	勝三世	勝三世

而《廣大軌》、《玄法軌》、《青龍軌》等三種儀軌中，則與「現圖曼荼羅」大略相同。

此院的中尊爲般若波羅蜜菩薩，原本在經釋中並無此尊。此位原來是阿闍梨位，是安坐曼荼羅前的位置，在曼荼羅畫完之後，阿闍梨移位出於壇門之外，這個位置就成爲本來的空位。這個位置亦稱爲佛室，在這位置本來有時安置《般若經》，或意樂所尊的諸聖。而在現圖曼荼羅中則以般若菩薩代替阿闍梨。

般若菩薩又稱爲般若佛母，示現爲女相，表示其爲佛母，身穿羯磨衣，代表六度的事業。面上有三目，代表三部的智眼，而六臂是表示具足六波羅蜜於一身。

古來認爲般若菩薩代表大日如來的般若妙慧，此院爲大日如來斷除煩惱的妙德，因此以般若菩薩安置於中央。而般若菩薩是大日如來的正法輪身，是胎藏的部母，更是如來智慧的具體實踐，因此在本院中央，安置此尊。

87 般若菩薩

般若菩薩（梵名 Prajñā-pāramitā），全稱般若波羅蜜多菩薩；意譯作以智慧渡於彼岸。般若菩薩又稱般若佛母，其面上三目，分別代表佛部、蓮華部、金剛部之特德，而六臂表一身具足六波羅蜜。此外，其亦代表大日如來的正法輪身，是大日如來智慧的具體實踐。

尊形：三目六臂，頭戴寶冠，身呈肉色，披著甲冑。左第一手曲肘持梵篋當胸，次手仰掌置臍下，第三手仰掌屈食指，舒餘四指；右第一手持蓮華印，次手垂著膝上，舒展五指，作與願印（或說作施無畏印），第三手屈臂，豎掌，屈無名指，舒餘四指，端坐於赤蓮花上。

密號：大慧金剛

種子字：（jña）

87 般若菩薩

三昧耶形：梵篋

印相：梵篋印

【真言】唵 地 室哩輸嚕多尾惹曳 娑嚩賀

oṃ dhi śrī-śrūta-vijaye svāhā

88 大威德明王

大威德明王（梵名 Yamāntaka），音譯閻曼德迦。又作降閻摩尊、六足尊

88 大威德明王

。為五大明王之一。

尊形：全身青黑色，呈忿怒形，六面六臂六足，坐於瑟瑟座上，背有迦樓羅焰光，左右第一手內縛，二中指伸豎相拄；左第二手持戟，第三手持輪；右第二手持劍，第三手持棒。

密號：大威德金剛、持明金剛

種子字：（hrīḥ）

三昧耶形：棒

印相：普通根本印

【真言】 唵 紇唎 瑟置力 尾訖 哩多娜曩 吽 薩嚩設咄喻 娜捨野 薩担婆野 薩担婆野 娑發吒 娑發吒 娑嚩賀

oṃ hrīḥ ṣṭrī vikṛt'ānana hūṃ sarva-śatrūṃ nāśaya stambhaya stambhaya sphoṭa sphoṭa svāhā

89 勝三世明王

勝三世明王（梵名 Trailoka-vijaya），音譯怛隸路迦毗惹耶。又作降三世明王、三世勝明王、聖三世明王、勝三世金剛，或稱金剛吽迦羅（梵名 Vajra-hūṃ-kara），爲胎藏界曼荼羅持明院之明王。主要在彰顯摧滅眾生惑障之果德。與降三世明王係同體異名。然胎藏界現圖曼荼羅持明院分別繪有降三世、勝三世二尊。

尊形：據《大日經》〈具緣品〉記載，有猛焰圍繞其周身，頭戴寶冠，手持金剛杵，現至極忿怒之相。現圖曼荼羅所繪此尊之形像爲身呈青黑色

89 勝三世明王

，頭戴寶冠，火髮逆立，有三目，現忿怒形，雙牙向上突出，右手持附三股杵之戟，手臂彎屈，左手持三股杵，周身亦有火焰，坐於磐石上。

密號：最勝金剛

種子字：（haḥ）或（ho）

三昧耶形：五鈷杵

印相：外五鈷印（金剛慧印）

【真言】南麼　三曼多伐折囉赧　訶　訶　訶　微薩麼曳　薩婆怛他揭多微灑也

三婆嚩怛囖路枳也微若也 訡 惹 莎訶

namaḥ samanta-vajrāṇāṃ ha ha ha vismaye sarva-tathāgata-viṣaya-sambhava-trailokya-vijaya hūṃ jaḥ svāhā

90 降三世明王

降三世明王（梵名 Vajrahūṃkāra），又稱月黶尊、勝三世、三世勝、降三世金剛菩薩。爲密教五大明王之第二尊，即五部中金剛部之教令輪身，配置於東方。降伏貪、瞋、癡三毒與欲界、色界、無色界等三界，故稱降三世。

尊形：三面八臂，或四面八臂，色青。其左、右第一手結降三世印，左三臂各執弓、索、三叉戟。右三臂各執矢、劍、五鈷鈴。背生火焰，安坐於蓮花上。

密號：最勝金剛、吽迦羅金剛

種子字：hūṃ（hūṃ）

90 降三世明王

三昧耶形：五鈷金剛杵

印相：降三世印

【真言】唵 遜婆 儞遜婆 吽 屹哩恨拏 屹哩恨拏 吽 屹哩恨拏播野 吽
阿那野 呼 婆誐鑁 嚩日囉 吽 發吒

oṃ śumbha niśumbha hūṃ gṛhṇa gṛhṇa huṃ gṛhṇāpaya huṃ
ānaya ho bhagavan vajra huṃ phaṭ

91 不動明王

不動明王（梵名Acalanātha）爲密教五大明王之一、八大明王之一。又稱不動金剛明王、不動尊、無動尊、無動尊菩薩、不動使者、無動使者。明王（vidyarajaḥ）是如來爲懾伏難化眾生，並宣揚真言妙法所變現的忿怒形諸尊。

不動明王，則是大日如來的應化身，敕受如來的教命，示現忿怒相，常住火生三昧，焚燒內外障難及諸煩惱，摧滅一切魔軍冤敵。其誓願爲一切眾生奴僕，受行者殘食供養，晝夜擁護行者，令其圓滿無上菩提。

尊形：身呈青黑色，頭頂蓮華，髮編成長辮垂下。右手持劍，表斷煩惱惡魔，左手持索，表自在方便，安坐於瑟瑟座。一般不動明王尊像左右通常安置矜羯羅、制吒迦二童子，或置八童子、三十六童子爲侍者。

密號：常住金剛

種子字：（hāṃmāṃ）、（hāṃ）

91 不動明王

三昧耶形：慧劍

印相：獨鈷印

【真言】 曩莫 薩嚩 怛他蘖帝毗藥 薩嚩 目契毗藥 薩嚩他 怛囉吒 贊拏
摩賀 路灑拏 欠 佉呬 佉呬 薩嚩 尾覲喃 吽 怛囉吒 憾 鈐

namaḥ sarva-tathāgatebhyaḥ sarva-mukhebhyaḥ sarvathā traṭ
caṇḍa-mahā-roṣaṇa khaṃ khāhi khāhi sarva-vighnaṃ hūṃ traṭ
hāṃ māṃ

全佛文化藝術經典系列

大寶伏藏【灌頂法像全集】

蓮師親傳•法藏瑰寶，世界文化寶藏•首度發行！
德格印經院珍藏經版•限量典藏！

本套《大寶伏藏—灌頂法像全集》經由德格印經院的正式授權全球首度公開發行。而《大寶伏藏—灌頂法像全集》之圖版，取自德格印經院珍藏的木雕版所印製。此刻版是由西藏知名的奇畫師—通拉澤旺大師所指導繪製的，不但雕工精緻細膩，法莊嚴有力，更包含伏藏教法本自具有的傳承深意。

《大寶伏藏—灌頂法像全集》共計一百冊，採用高級義大利進美術紙印製，手工經摺本、精緻裝幀，全套內含：

•三千多幅灌頂法照圖像內容　•各部灌頂系列法照中文譯名

附贈　•精緻手工打造之典藏匣函。
•編碼的「典藏證書」一份與精裝「別冊」一本。

（別冊內容：介紹大寶伏藏的歷史源流、德格印經院歷史、《大寶伏藏—灌頂法像全集》簡介及其目錄。）

全佛文化白話佛經系列

如是我聞

白話華嚴經　全套八冊

國際禪學大師　洪啟嵩語譯　定價NT$5440

八十華嚴史上首部完整現代語譯！

導讀 ＋ 白話語譯 ＋ 註譯 ＋ 原經文

《華嚴經》為大乘佛教經典五大部之一，為毘盧遮那如來於菩提道場始成正覺時，所宣說之廣大圓滿、無盡無礙的內證法門，十方廣大無邊，三世流通不盡，現前了知華嚴正見，即墮入佛數，初發心即成正覺，恭敬奉持、讀誦、供養，功德廣大不可思議！本書是描寫富麗莊嚴的成佛境界，是諸佛最圓滿的展現，也是每一個生命的覺性奮鬥史。內含白話、注釋及原經文，兼具文言之韻味與通暢清晰之白話，引領您深入諸佛智慧大海！

全佛文化圖書出版目錄

佛教小百科系列

書名	價格
□ 佛菩薩的圖像解說1-總論•佛部	320
□ 佛菩薩的圖像解說2-菩薩部•觀音部•明王部	280
□ 密教曼荼羅圖典1-總論•別尊•西藏	240
□ 密教曼荼羅圖典2-胎藏界上	300
□ 密教曼荼羅圖典2-胎藏界中	350
□ 密教曼荼羅圖典2-胎藏界下	420
□ 密教曼荼羅圖典3-金剛界上	260
□ 密教曼荼羅圖典3-金剛界下	260
□ 佛教的真言咒語	330
□ 天龍八部	350
□ 觀音寶典	320
□ 財寶本尊與財神	350
□ 消災增福本尊	320
□ 長壽延命本尊	280
□ 智慧才辯本尊	290
□ 令具威德懷愛本尊	280
□ 佛教的手印	290
□ 密教的修法手印-上	350
□ 密教的修法手印-下	390
□ 簡易學梵字(基礎篇)-附CD	250
□ 簡易學梵字(進階篇)-附CD	300
□ 佛教的法器	290
□ 佛教的持物	330
□ 佛教的塔婆	290
□ 中國的佛塔-上	240
□ 中國的佛塔-下	240
□ 西藏著名的寺院與佛塔	330
□ 佛教的動物-上	220
□ 佛教的動物-下	220
□ 佛教的植物-上	220
□ 佛教的植物-下	220
□ 佛教的蓮花	260
□ 佛教的香與香器	280
□ 佛教的神通	290
□ 神通的原理與修持	280
□ 神通感應錄	250
□ 佛教的念珠	220
□ 佛教的宗派	295
□ 佛教的重要經典	290
□ 佛教的重要名詞解說	380
□ 佛教的節慶	260
□ 佛教的護法神	320
□ 佛教的宇宙觀	260
□ 佛教的精靈鬼怪	280
□ 密宗重要名詞解說	290
□ 禪宗的重要名詞解說-上	360
□ 禪宗的重要名詞解說-下	290
□ 佛教的聖地-印度篇	200

佛菩薩經典系列

書名	價格
□ 阿彌陀佛經典	350
□ 藥師佛•阿閦佛經典	220
□ 普賢菩薩經典	180
□ 文殊菩薩經典	260
□ 觀音菩薩經典	220
□ 地藏菩薩經典	260
□ 彌勒菩薩•常啼菩薩經典	250
□ 維摩詰菩薩經典	250
□ 虛空藏菩薩經典	350
□ 無盡意菩薩•無所有菩薩經典	260

佛法常行經典系列

書名	價格
□ 妙法蓮華經	260
□ 悲華經	260
□ 大乘本生心地觀經•勝鬘經•如來藏經	200

□ 小品般若波羅密經	220
□ 金光明經•金光明最勝王經	280
□ 楞伽經•入楞伽經	360
□ 楞嚴經	200
□ 解深密經•大乘密嚴經	200
□ 大日經	220
□ 金剛頂經•金剛頂瑜伽念誦經	200

三昧禪法經典系列

□ 念佛三昧經典	260
□ 般舟三昧經典	220
□ 觀佛三昧經典	220
□ 如幻三昧經典	250
□ 月燈三昧經典(三昧王經典)	260
□ 寶如來三昧經典	250
□ 如來智印三昧經典	180
□ 法華三昧經典	260
□ 坐禪三昧經典	250
□ 修行道地經典	250

修行道地經典系列

□ 大方廣佛華嚴經(10冊)	1600
□ 長阿含經(4冊)	600
□ 增一阿含經(7冊)	1050
□ 中阿含經(8冊)	1200
□ 雜阿含經(8冊)	1200

佛經修持法系列

□ 如何修持心經	200
□ 如何修持金剛經	260
□ 如何修持阿彌陀經	200
□ 如何修持藥師經-附CD	280
□ 如何修持大悲心陀羅尼經	220
□ 如何修持阿閦佛國經	200
□ 如何修持華嚴經	290
□ 如何修持圓覺經	220
□ 如何修持法華經	220
□ 如何修持楞嚴經	220

守護佛菩薩系列

□ 釋迦牟尼佛-人間守護主	240
□ 阿彌陀佛-平安吉祥	240
□ 藥師佛-消災延壽(附CD)	260
□ 大日如來-密教之主	250
□ 觀音菩薩-大悲守護主(附CD)	280
□ 文殊菩薩-智慧之主(附CD)	280
□ 普賢菩薩-廣大行願守護主	250
□ 地藏菩薩-大願守護主	250
□ 彌勒菩薩-慈心喜樂守護主	220
□ 大勢至菩薩-大力守護主	220
□ 準提菩薩-滿願守護主(附CD)	260
□ 不動明王-除障守護主	220
□ 虛空藏菩薩-福德大智守護(附CD)	260
□ 毘沙門天王-護世財寶之主(附CD)	280

輕鬆學佛法系列

□ 遇見佛陀-影響百億人的生命導師	200
□ 如何成為佛陀的學生-皈依與受戒	200
□ 佛陀的第一堂課-四聖諦與八正道	200
□ 業力與因果-佛陀教你如何掌握自己的命運	220

洪老師禪座教室系列

- □ 靜坐-長春.長樂.長效的人生 200
- □ 放鬆(附CD) 250
- □ 妙定功-超越身心最佳功法(附CD) 260
- □ 妙定功VCD 295
- □ 睡夢-輕鬆入眠•夢中自在(附CD) 240
- □ 沒有敵者-強化身心免疫力的修鍊法(附CD) 280
- □ 夢瑜伽-夢中作主.夢中變身 260
- □ 如何培養定力-集中心靈的能量 200

禪生活系列

- □ 坐禪的原理與方法-坐禪之道 280
- □ 以禪養生-呼吸健康法 200
- □ 內觀禪法-生活中的禪道 290
- □ 禪宗的傳承與參禪方法-禪的世界 260
- □ 禪的開悟境界-禪心與禪機 240
- □ 禪宗奇才的千古絕唱-永嘉禪師的頓悟 260
- □ 禪師的生死藝術-生死禪 240
- □ 禪師的開悟故事-開悟禪 260
- □ 女禪師的開悟故事(上)-女人禪 220
- □ 女禪師的開悟故事(下)-女人禪 260
- □ 以禪療心-十六種禪心療法 260

密乘寶海系列

- □ 現觀中脈實相成就-開啟中脈實修秘法 290
- □ 智慧成就拙火瑜伽 330
- □ 蓮師大圓滿教授講記-藏密寧瑪派最高解脫法門 220
- □ 密宗的源流-密法內在傳承的密意 240
- □ 恒河大手印-傾瓶之灌的帝洛巴恒河大手印 240
- □ 岡波巴大手印-大手印導引顯明本體四瑜伽 390
- □ 大白傘蓋佛母-息災護佑行法(附CD) 295
- □ 密宗修行要旨-總攝密法的根本要義 430
- □ 密宗成佛心要-今生即身成佛的必備書 240
- □ 無死-超越生與死的無死瑜伽 200
- □ 孔雀明王行法-摧伏毒害煩惱 260
- □ 月輪觀•阿字觀-密教觀想法的重要基礎 350
- □ 穢積金剛-滅除一切不淨障礙 290
- □ 五輪塔觀-密教建立佛身的根本大法 290
- □ 密法總持-密意成就金法總集 650

其他系列

- □ 入佛之門-佛法在現代的應用智慧 350
- □ 如觀自在-千手觀音與大悲咒的實修心要 650
- □ 普賢法身之旅-2004美東弘法紀行 450
- □ 神通-佛教神通學大觀 590
- □ 認識日本佛教 360
- □ 仁波切我有問題-一本關於空的見地、禪修與問答集 240
- □ 萬法唯心造-金剛經筆記 230
- □ 覺貓悟語 280

禪觀寶海系列

- □ 禪觀秘要 1200
- □ 首楞嚴三昧-降伏諸魔的大悲勇健三昧 420

高階禪觀系列

- □ 通明禪禪觀-迅速開啟六種神通的禪法 200
- □ 十種遍一切處禪觀-調練心念出生廣大威力的禪法 280
- □ 四諦十六行禪觀-佛陀初轉法輪的殊勝法門 350
- □ 三三昧禪觀-證入空、無相、無願三解脫門的禪法 260
- □ 大悲如幻三昧禪觀-修行一切菩薩三昧的根本 380
- □ 圓覺經二十五輪三昧禪觀-二十五種如來圓覺境界的禪法 400

蓮花生大士全傳系列

- □ 蓮花王 320
- □ 師子吼聲 320
- □ 桑耶大師 320
- □ 廣大圓滿 320
- □ 無死虹身 320
- □ 蓮花生大士祈請文集 280

光明導引系列

- □ 阿彌陀經臨終光明導引-臨終救度法 350
- □ 送行者之歌(附國台語雙CD) 480

佛家經論導讀叢書系列

- □ 雜阿含經導讀-修訂版 450
- □ 異部宗論導讀 240
- □ 大乘成業論導讀 240
- □ 解深密經導讀 320
- □ 阿彌陀經導讀 320
- □ 唯識三十頌導讀-修訂版 520
- □ 唯識二十論導讀 300
- □ 小品般若經論對讀-上 400
- □ 小品般若經論對讀-下 420
- □ 金剛經導讀 220
- □ 心經導讀 160
- □ 中論導讀-上 420
- □ 中論導讀-下 380
- □ 楞伽經導讀 400
- □ 法華經導讀-上 220
- □ 法華經導讀-下 240
- □ 十地經導讀 350
- □ 大般涅槃經導讀-上 280
- □ 大般涅槃經導讀-下 280
- □ 維摩詰經導讀 220
- □ 菩提道次第略論導讀 450
- □ 密續部總建立廣釋 280
- □ 四法寶鬘導讀 200
- □ 因明入正理論導讀-上 240
- □ 因明入正理論導讀-下 200

離言叢書系列

- □ 解深密經密意 390
- □ 如來藏經密意 300
- □ 文殊師利二經密意 420
- □ 菩提心釋密意 230
- □ 龍樹讚歌集密意 490
- □ 無邊莊嚴會密意 190
- □ 勝鬘師子吼經密意 340
- □ 龍樹二論密意 260
- □ 大乘密嚴經密意 360
- □ 大圓滿直指教授密意 300

談錫永作品系列

- ☐ 閒話密宗 200
- ☐ 西藏密宗占卜法-妙吉祥占卜法（組合） 790
- ☐ 細說輪迴生死書-上 200
- ☐ 細說輪迴生死書-下 200
- ☐ 西藏密宗百問-修訂版 210
- ☐ 觀世音與大悲咒-修訂版 190
- ☐ 佛家名相 220
- ☐ 密宗名相 220
- ☐ 佛家宗派 220
- ☐ 佛家經論-見修法鬘 180
- ☐ 生與死的禪法 260
- ☐ 細說如來藏 280
- ☐ 如來藏三談 300

大中觀系列

- ☐ 四重緣起深般若-增訂版 420
- ☐ 心經內義與究竟義-印度四大論師釋《心經》 350
- ☐ 聖入無分別總持經對堪及研究 390
- ☐ 《入楞伽經》梵本新譯 320
- ☐ 《寶性論》梵本新譯 320
- ☐ 如來藏論集 330
- ☐ 如來藏二諦見 360
- ☐ 《聖妙吉祥真實名經》梵本校譯 390
- ☐ 《聖妙吉祥真實名經》釋論三種 390
- ☐ 《辨中邊論釋》校疏 400

甯瑪派叢書-見部系列

- ☐ 九乘次第論集-佛家各部見修差別 380
- ☐ 甯瑪派四部宗義釋 480
- ☐ 辨法法性論及釋論兩種 480
- ☐ 決定寶燈 480
- ☐ 無修佛道-現證自性大圓滿本來面目教授 360
- ☐ 幻化網秘密藏續釋-光明藏 560
- ☐ 善說顯現喜宴-甯瑪派大圓滿教法 650

甯瑪派叢書-修部系列

- ☐ 大圓滿心性休息導引 395
- ☐ 大圓滿前行及讚頌 380
- ☐ 幻化網秘密藏續 480
- ☐ 六中有自解脫導引 520

藏傳佛教叢書系列

- ☐ 章嘉國師(上)-若必多吉傳 260
- ☐ 章嘉國師(下)-若必多吉傳 260
- ☐ 紅史 360
- ☐ 蒙古佛教史 260
- ☐ 西藏生死導引書(上)-揭開生與死的真相 290
- ☐ 西藏生死導引書(下)-六種中陰的實修教授 220
- ☐ 西藏不分教派運動大師 390
- ☐ 西藏-上 360
- ☐ 西藏 下 450

密法傳承系列

- ☐ 天法大圓滿掌中佛前行講義中疏 680

頂果欽哲法王文選(雪謙)

- □ 修行百頌-在俗世修行的101個忠告 260
- □ 覺醒的勇氣-阿底峽之修心七要 220
- □ 如意寶-上師相應法 260
- □ 你可以更慈悲-頂果欽哲法王說明(菩薩37種修行之道) 350
- □ 證悟者的心要寶藏-唵嘛呢唄美吽 280
- □ 成佛之道-殊勝證悟道前行法 250
- □ 明月-頂果欽哲法王自傳與訪談錄 650
- □ 頂果欽哲法王傳-西藏精神(百歲紀念版) 650

精選大師系列(雪謙)

- □ 遇見•巴楚仁波切-觸動心靈的真心告白 200
- □ 大藥-戰勝視一切為真的處方 250

格薩爾王傳奇系列

- □ 格薩爾王傳奇1-神子誕生 280
- □ 格薩爾王傳奇2-魔國大戰 260
- □ 格薩爾王傳奇3-奪寶奇謀 280
- □ 格薩爾王傳奇4-爭霸天下 290
- □ 格薩爾王傳奇5-萬王之王 280
- □ 格薩爾王傳奇6-地獄大圓滿 290

山月文化系列

- □ 西藏繪畫藝術欣賞-平裝本 480
- □ 西藏繪畫藝術欣賞-精裝本 680
- □ 西藏傳奇大師密勒日巴唐卡畫傳 580
- □ 密勒日巴唐卡畫傳(精裝經摺本) 890
- □ 西藏健身寶卷 390
- □ 達瓦，一隻不丹的流浪犬 240
- □ 西藏格薩爾圖像藝術欣賞-上 480
- □ 西藏格薩爾圖像藝術欣賞-下 480

特殊文化之旅系列

- □ 西藏吉祥密碼(上)-符號、顏色、動植物 260
- □ 西藏吉祥密碼(下)-裝飾藝術、圖案、儀式 260
- □ 西藏的節慶-拉薩篇 399
- □ 西藏《格薩爾》說唱藝人(附贈超值DVD) 350
- □ 西藏民間樂器(附贈西藏傳統音樂CD) 350
- □ 西藏的節慶-各地采風篇 399

達賴喇嘛全傳

- □ 五世達賴-第一函-上 380
- □ 五世達賴-第一函-下 390
- □ 五世達賴-第二函-上 250
- □ 五世達賴-第二函-下 250
- □ 五世達賴-第三函-上 220
- □ 五世達賴-第三函-下 220
- □ 四世達賴-雲丹嘉措傳 220
- □ 三世達賴-索南嘉措傳 295
- □ 二世達賴-根敦嘉措傳 220
- □ 一世達賴 根敦珠巴傳 250

全套購書85折、單冊購書9折

(郵購請加掛號郵資60元)

全佛文化事業有限公司
新北市新店區民權路95號4樓之1
Buddhall Cultural Enterprise Co.,Ltd.
TEL:886-2-2913-2199
FAX:886-2-2913-3693
匯款帳號：3199717004240
合作金庫銀行大坪林分行
戶名：全佛文化事業有限公司

佛教小百科4

《密教曼荼羅圖典二—胎藏界》(上冊)

編　者　全佛編輯部
執行編輯　蕭婉甄、劉詠沛、吳霈媜
出　版　全佛文化事業有限公司
永久信箱：台北郵政26-341號信箱
訂購專線：(02)2913-2199
傳真專線：(02)2913-3693
匯款帳號：3199717004240　合作金庫銀行大坪林分行
戶　名：全佛文化事業有限公司
E-mail:buddhall@ms7.hinet.net
http://www.buddhall.com
門　市　新北市新店區民權路95號4樓之1(江陵金融大樓)
門市專線：(02)2219-8189
行銷代理　紅螞蟻圖書有限公司
台北市內湖區舊宗路二段121巷19號(紅螞蟻資訊大樓)
電話：(02)2795-3656　傳真：(02)2795-4100
初　版　一九九九年十二月
初版三刷　二〇一六年五月
定　價　新台幣三〇〇元
ISBN　978-957-8254-60-2(平裝)
版權所有・請勿翻印

國家圖書館出版品預行編目資料

密教曼荼羅圖典.胎藏界 / 全佛編輯部主編.
-- 初版. -- 臺北市：全佛文化, 1999 [民88]
面；　公分. -- (佛教小百科：4-6)
ISBN 978-957-8254-60-2(平裝)
ISBN 978-957-8254-61-9(平裝)
ISBN 978-957-8254-62-6(平裝)

1.佛像　2.藏傳佛教
224.6　　88015253

Buddhall

All Rights Reserved. Printed in Taiwan.
Published by BuddhAll Cultural Enterprise Co.,Ltd.